이 많은 교훈들은 어디서 왔을까?
사람에게 길을 가리켜 보이는 이 가르침들은 모두 어디서 왔을까?

천년의 지혜 시리즈는 그 질문에서 시작된 책입니다.
ChatGPT가 없던 그때, 두 해를 꼬박 넘기며 —
세계 여기저기에 숨겨진 책들의 시초를 뒤지고 찾아 —
길게는 400여 년 동안, 짧게는 최근 30여 년 동안 —
수천 번에서 수십 번의 개정판으로 세대를 넘어 이어지며 출간돼 온
진짜 책 중의 책을 찾았습니다.

그 중 20권이 세기의 책들로 묶이고 이름 지어져 출간으로 이어지고
있습니다.

1. 결코, 배불리 먹지 말 것 : 최초 출간일 1812년

2. 불멸의 지혜 : 최초 출간일 1910년

3. 부의 기본기 : 최초 출간일 1880년

4. 5000년의 부 : 최초 출간일 1926년

5. 꿈을 이뤄주는 책 : 최초 출간일 1926년

6. 영원히 날씬할 방법을 찾고 있어 : 최초 출간일 2005년

7. 스스로 창조한 나 : 최초 출간일 1903년

8. 사소한 것들로 하는 사랑이었다 : 최초 출간일 1997년

9. 비상이동 매뉴얼 : 최초 출간일 1972년

10. 사랑하라 그리고 나를 잃지 않도록 : 최초 출간일 1997년

11. 25살, 첫 사회 첫 삐약이들의 생존 동화 : 최초 출간일 1335년

12. 감정이 가르쳐 주는 것들 : 최초 출간일 1910년

세기의 책들 20선

천년의 지혜 시리즈
NO.12
마음챙김

감정이 알려주는 것들

최초 출간일 1910년

삶의 모든 순간에서

감정이 알려주는 것들

판단의 노를 놓으라
감정은 거짓말하지 않는다. 좋은 느낌을 따라가라,
흐름이 데려가는 곳으로.

에스더 힉스 · 제리 힉스 지음 · 서진 편저

SNOWFOX.p

나는 누구인가.

이 질문 앞에 한 번이라도 서 본 적이 있다면, 이 책은 꼭 만나 봐야 할 책입니다.

수천 년 동안 깨어난 분들이 말해온 것이 있습니다.

나는 이 몸이 아니라는 것. 나는 이 몸에 담긴 무한한 의식이라는 것. 이 물질세계에 오기 전, 우리 모두는 하나의 근원 에너지 안에 있었고 모든 것과 분리되지 않은 하나의 전체였다는 진리입니다.

그 안에서 나는, 나만의 의식을 가진 존재로서 이 지구라는 놀라운 곳으로 스스로 왔습니다. 그것은 우주의 진리 — 무한한 확장에 의한 자연스러운 결과였습니다. 우리는 모두 이곳에 여행자로, 깨어나 내가 누구인지, 내 참나를 깨닫고 형용할 수 없는 끝없는 행복과 사랑을 경험하기 위해 왔습니다.

이것은 오래된 진리입니다. 그리고 — 진리는 영원히 변하지 않습니다. 그러나 대다수의 존재는 이번 삶에서 이 몸이 나 — 라는 에고에 둘러싸인 채, 평생을 행복과 안녕과 사랑과 풍요를 찾아 헤매다 생을 마칩니다. 실상은 단어로 표현될 수 있는 모든 궁극의 행복의 근원인- 내 안의 '참 나'를 알지 못한 채.

이 책은 수행자로서, 천년의 시리즈를 찾고 세기의 책들을 전하는 편저자의 역할에서 전해드리고 싶은 귀중한 진실입니다. 아는 것에서 알아가는 것, 그리고 실제로 참자아로 사는 것. 그것을 어떻게 가능하게 하는지 방법만을 골라 전하려는 메신저의 역할로 봤습니다.

그것을 전하는 자로서 한 땀, 한 땀 수를 놓듯 단어와 문장을 가려 쓰며 옮겼습니다. 오래된 글에 담긴 진리와 진실이 즉시 이해될 수 있도록 하는 붓으로만, 깨어서 적었습니다.
나의 근원을 알면 — 나를 찾는 명상이 쉬워집니다.

진짜 참자아인 내가 — 무엇인지 알면, 진짜 나를 찾는 과정이 멈춰지지 않습니다. 그 나를 단 한 번이라도, 일순간이라도 경험한 누구든 결코, 그 지극한 평화와 사랑과 충만함과 행복을 잊지 않습니다. 우리는 모두 무한한 창조자의 발현입니다.

출판인이기 전에 진리의 수행자로 내면을 탐구하면서 알게 된 것은, 깨달음이 산속에 있는 것이 아니며 좌선 위에만 있지 않다는 것입니다. 지금 이 순간, 장을 보다가, 운전을 하다가, 누군가와 함께 살든, 혼자든, 부유하든 그렇지 않든, 삶의 어떤 순간에서도 참자아와 일치된 삶을 살 수 있다는 것입니다. 그 일치의 순간마다 삶은 풍요롭고 부유해지며, 몸은 건강해지고, 관계는 부드러워지며, 마음은 고요해집니다. 이 책은 그것을 말해줍니다. 너무나 간결할 정도로요.

세계적인 명사들과 나를 찾는 수행자들이 아낌없이 '스승'이라고 부른 책. 명상을 모르는 독자들에 의해 40년간 13개 이상의 언어로 번역, 700권이 넘는 책으로 출간된 그 이유를, 이 한 권은 보여줍니다.

내가 누구인지 찾고, 진짜 참자아로 살고 싶은, 내면의 신호를 읽고 싶은, 삶의 흐름을 되찾고 싶은 모든 존재에게 이 책을 전합니다.

노를 놓으면, 삶이 데려갑니다.

이 책의 중요한 개념 - 카누 노젓기

이 책에는 하나의 비유가 처음부터 끝까지 흐른다.
카누 이야기다.

당신이 카누를 타고 강 위에 있다고 상상해보라.
강물은 한 방향으로 흐르고 있다. 당신 앞에는 노가 있다.

노 젓기를 멈추고 카누에 몸을 맡기면 어떻게 될까.
카누는 쉽고 빠르게, 자연스럽게 강물을 따라 흐른다.
힘을 쓸 필요가 없다. 강물이 알아서 데려간다.
이 책에서는 앞으로 이것을 '하류'라고 표현할 것이다.

반대로, 노를 잡고 강물을 거슬러 올라간다고 상상해보라.

팔이 떨리고, 숨이 차고, 온몸에 힘이 든다.

그런데도 카누는 거의 움직이지 않는다.

이 책에서는 앞으로 이것을 '역류'라고 표현할 것이다.

이 책에서 역류란, 삶을 거스르는 모든 생각과 감정이다.

걱정, 원망, 자책, 비교, 후회, 두려움. 우리가 매일 습관처럼 하는 것들이다.

하류란, 강물이 흐르는 방향이다.

편안함, 기대감, 감사, 사랑, 기쁨. 원하는 모든 것이 있는 쪽이다.

이 책은 삶의 32가지 상황에서 역류의 노를 놓고 하류로 돌아서는 법을 다룬다. 무서운 진단 앞에서, 이혼 앞에서, 돈 걱정 앞에서, 사춘기 자녀 앞에서. 누구나 한 번쯤 서 본 자리에서, 어떻게 노를 놓는지를 보여준다.

편저자 서진

헌정사

우리는 이 시대 가장 영향력 있는 사람들을 만나는 기쁨을 누려왔다. 하지만 루이스 헤이(루루)만큼 긍정적인 영감을 샘솟듯 쏟아내는 사람은 만나지 못했다. 헤이 하우스의 설립자인 그녀의 비전 아래, 헤이 하우스는 이제 세계 최대의 영성 및 자기계발 출판사가 되었다.

루이스 헤이에게, 그리고 그녀의 비전에 이끌려 함께한 모든 분들에게, 깊은 사랑과 감사를 담아 이 책을 바친다.

서문

“이건 정말 대단한 책이야!…….

삶을 더 잘 살아가는 방법을 알고 싶은 사람이라면 누구에게나—이건 정말 대단한 책이야!”

조금 전 에스더가 이 책《감정의 놀라운 힘》마무리 작업을 검토하며 외친 말이다. 에스더와 나는 부부 팀으로 20년간 책을 쓰고 출판해왔다. 그녀가 “어떻게 생각해?”라고 묻는 대신 “이건 정말 대단한 책이야!”라고 말한 것은 이번이 처음이다.

내 생각에 이 책은 우리가 지금까지 출판한 에이브러햄 시리즈 중 가장 혁신적이고 강력하다. 그래서 어떤 독자는 너무 복잡하거나 앞서간다고 느낄 수 있고, 반대로 너무 단순하거나 맞지 않다고 느끼는 분도 있을 수 있다.

이 서문을 쓰는 내 의도는 독자를 안내하는 것이다. '너무 복잡해' 또는 '너무 단순해'라는 느낌에서 벗어나, '원하는 것을 더 많이 창조하고, 다른 사람에게 더 큰 가치를 주기 위해 즉시 활용할 수 있는 실용적이고 선도적인 정보'라는 인식으로.

자, 만약 누군가 이렇게 말한다면 어떨까?

이 삶에 목적이 있으며 그 목적이 더 많은 기쁨을 누리는 것이라고.

당신 삶의 성공을 재는 진정한 척도가 바로 기쁨이라고.

당신 삶의 본질적 기반이 자유라고.

자유롭게 태어났을 뿐 아니라 자신의 생각을 선택할 자유가 있기에 언제나 자유롭다고.

기분이 더 나아지는 생각에 손을 뻗을 때마다 바로 그 순간 목적을 달성하고 있다고.

‘존재하는 모든 것’의 번영과 진화에 기여하고 있다고.

겉보기에 견고해 보이는 당신의 믿음이 한때 품었던 개별적 생각이 응집된 것에 불과하다고.

계속 생각해왔기 때문에 굳어진 것일 뿐이라고.

태어나는 순간부터, 심지어 그 이전부터 당신의 생각과 믿음이 당신보다 먼저 온 사람들에 의해 크게 영향받아 왔다고.

당신 삶의 경험이 본질적으로 늘 품는 생각의 결과라고.

충분히 오래 집중한 생각이 현실로 나타난다고.

“내가 두려워하던 것이 내게 닥쳤다”, “네가 믿는 대로 네게 이루어진다”, “생각하라 그러면 부자가 되리라”, “끼리끼리 모인다”, “뿌린 대로 거두리라”…….

이 말들이 오직 진실에 근거해왔다고 전한다면.

자, 이제 생각해봅시다. 만약 어떻게든 앞서 말한 것들을 알게 되었다면 그 타당성을 직접 검증해보고 싶지 않겠습니까? 스스로 명확히 하고 싶은 것이 있지 않겠습니까? 어쩌면 뭔가 실질적인 행동을 취하고 싶은 영감을 느끼지 않겠습니까?

지금 이 글을 읽으면서 누군가는 이 말이 내면 어딘가에 닿는 것을 느꼈을 것이다. 알고 있었지만 잊고 있던 무언가가 다시 떠오르는 것처럼. 만약 그렇다면 당신은 이 책을 통해 진짜 나는 누구인지, 지금 여기서 내 삶의 가치와 목적이 무엇인지 기억을 되찾을 준비가 된 사람일 것이다.

당신이 믿음이라고 부르는 것은 무엇인가? 먼저 온 사람들이 심어놓은, 무엇이 되고, 무엇을 하고, 무엇을 갖는 것이 옳고, 그른지에 대한 주입된 생각이다. 이 믿음 체계는 바깥에서 들어온 것이기 때문에 지금 당신의 생각에 영향을 미치는 사람이 누구냐에 따라 바뀔 수도 있다.

다시 말해 우리의 믿음은 앞선 세대의 두려움, 칭찬, 훈계, 보상과 처벌에 의해 만들어져 왔다. 두려움 속에서 다른 사람을 통제하려는 이들을 안심시키기 위해 새로운 세대는 이제 '너의 양심을 따르라'고 교육받는다.

지금껏 수백만의 문화, 사회, 종교, 통치자, 지도자, 교사, 부모가 자신의 믿음 체계 대부분을 새로운 세대에게 전달하려 해왔다. 그 결과 누구의 믿음에 따라야 하는가를 두고 광범위한 의견 충돌, 더 나아가 전쟁까지 일어나는 세상에 살고 있다.

그렇다면 누구의 생각, 누구의 믿음이 나에게 옳고 그른 것의 안내자가 되어야 할까? 이 책은 그 질문에 대한 답을 위해 쓰여졌다.

만약 이 질문의 답이 이 삶을 사는 모든 날 행복을 느끼며 살게 하는 것이라면, 나의 생각이 나의 믿음이 되고 나의 감정이 되며, 나의 경험이 된다면, 생각을 바꿈으로써 실제로 그렇게 살 수 있다면, 어떤 생각이 그것을 가능하게 하는지 어떻게 알 수 있을까?

이 책은 여러 면에서 독특하지만 바로 그 질문에 답하기 위해 쓰여졌다는 점에서 그렇다. 답을 간단히 말하면 감정을 나의 안내자로 삼겠다는 것이다. 이 책은 더 많은 것을 원하는 당신의 바람에 대한 답으로 쓰여졌다. 고쳐지거나, 구원받기를 원하지도, 필요로 하지도 않는 세상을 고치거나 구하려는 게 아니다. 세상은 망가지지 않았다. 에이브러햄의 이 가르침은 당신이 기쁘고 충만한 삶을 계속 창조하는 것에 관한 것이며 동시에 모든 이도 자기가 의도한 대로 창조하기를 바라는 것이다.

지금 얼마나 좋든 당신은 더 많은 것을 원한다. 얼마나 행복하든 더 많은 행복을 원한다. 그것이 끊임없이 확장되는 우주의 법칙이기 때문이다. 더! 더! 더! 더 많은 확장. 더 많은 영향력. 더 많은 경험. 더 많은 욕망. 더 많은 삶!

이 지구에는 수십억의 사람이 살고 있다. 각자가 더 나은 삶을 요청하고 지금보다 더 좋은 기분으로 살 방법을 찾고 있다. 당신과 나는 매 순간 자연스러운 좋은 느낌을 내맡기거나 저항할 선택권이 있다. 수십억의 다른 사람도 마찬가지다. 풍요롭고 무한한 우주가 줄 수 없는 것은 없다. 다만 내맡기지 않으면 받을 수 없다.

이 책은 에이브러햄의 가르침을 담은 또 하나의 책으로 독자적으로 읽힐 수 있도록 쓰여졌다. 하지만 1985년 에이브러햄이 우리와 소통을 시작한 이래 수천 가지 질문에 대한 답이 축적되어 왔고 이 책은 그 위에 단단히 서 있다.

그렇다면 에이브러햄은 누구인가?

나는 그들을 형언할 수 없는 비물질적 현상이라고 부르고 싶다. 우주의 자연 법칙을 실용적으로 활용하는 법을 가르치는 지극히 지혜롭고 무조건적으로 사랑하는 교사 집단이다. 내가 만나본 가장 순수한 형태의 사랑이기도 하다.

에이브러햄은 생각 덩어리를 보내고 아내 에스더가 라디오 수신기처럼 받아서 우리 질문에 답한다. 그들은 자신을 강요하지 않는다. 요청받을 때만 온다.

통역사가 스페인어를 영어로 번역할 때 단어 대 단어가 아니라 생각 대 생각으로 하듯 에스더는 에이브러햄이 보낸 비언어적 생각을 자신의 모국어인 영어로 즉시 변환한다. 에스더가 정확히 어떻게 하는지는 모르지만 20년 넘게 나는 그 모든 순간을 사랑해왔다. 개인적으로 충만했을 뿐 아니라 수천 명이 던진 질문에 에이브러햄이 답하는 것을 지켜보는 기쁨도 누려왔기 때문이다.

에이브러햄과의 상호작용이 시작된 이래 이 가르침의 핵심에는 끌어당김의 법칙이 있었다.

끌어당김의 법칙이나 에이브러햄의 가르침에 관한 풍부한 무료 정보를 원하신다면, 우리의 인터랙티브 웹사이트 www. abraham-hicks.com을 방문해 주세요.

[편저자 주석]

에이브러햄은 실존 인물이 아니다. 에스더 힉스가 채널링하는 비물질적 존재들의 집단이다. 에스더가 일종의 트랜스 상태에서 에이브러햄이라는 이름으로 메시지를 전달하는 형태다. 제리 힉스(에스더의 남편)가 질문하고, 에스더를 통해 에이브러햄이 답하는 방식으로 수십 년간 워크숍과 책을 만들어왔다. 끌어당김의 법칙을 대중화한 주요 원천 중 하나이며《시크릿》에 커다란 영향을 주었다.

1985년, 이 현상이 시작되었을 때 나는 에이브러햄에게 우주의 법칙에 대해 물었다. 우리가 가장 자연스럽게 삶을 살아갈 수 있는 법칙. 인간이 다른 인간을 통제하거나 억압하기 위해 만든 법과는 다른. 에이브러햄이 알려준 첫 번째 법칙은 끌어당김의 법칙이었다. 본질적으로 비슷한 것끼리 끌어당겨진다는 것.

에이브러햄을 만나기 전에 이 용어를 알고 있었는지는 확실치 않다. 오늘 이 글을 쓰는 시점에서 영어권 세계에서 끌어당김의 법칙을 들어보지 못한 사람은 거의 없을 것이다. 하지만 에이브러햄이 명확하고 집중적으로 설명해주었기에 내게는 새롭고 흥미진진했다. 그래서 1985년 삶의 다양한 측면을 개선하는 방법에 대해 에이브러햄에게 질문한 20개의 특별 주제 카세트 시리즈를 만들기 시작했다. 첫 번째 녹음 제목은《끌어당김의 법칙》이었고 약 20년간 공개되어 왔다. 처음에는 무료 소개 녹음으로, 이후에는 웹사이트 무료 다운로드로도 제공되었다. 최근 우리는 그 20개 녹음 중 처음 5개를 책으로 만들었다. 4권의 끌어당김의 법칙 시리

감정이 알려주는 것들

즈 중 첫 번째 책(헤이 하우스, 2006)이다. 《끌어당김의 법칙: 에이브러햄 가르침의 기초》, 《관계, 그리고 끌어당김의 법칙》, 《돈, 그리고 끌어당김의 법칙》, 《영성, 그리고 끌어당김의 법칙》.

그 후 20년간 많은 작가, 시나리오 작가, 영화 제작자가 에이브러햄 관점의 독특함과 힘, 가치를 알아챘다. 특히 끌어당김의 법칙이라는 용어를 사용하기 시작했다. 그중 다수는 우리의 주간 구독 프로그램 회원이었다. 에이브러햄 자료를 자신의 프로젝트에 활용하기 시작했고 단어를 약간 바꾸어 자기 이름으로 출판했다. 때때로 출처를 언급하기도 했다. 오늘날 끌어당김의 법칙이라는 용어는 전 세계 수백만 명의 마음과 입에 오르내리게 되었다.

그러나 에이브러햄의 말은 언제나 그들의 언어로 바뀌었다. 아마도 지적재산권법 침해를 피하기 위해서였을 것이다. 수백만 명이 끌어당김의 법칙의 어떤 버전을 들었지만 대부분은 이 혁신적인 개념을 실제로 활용할 수 있을 만큼 충분하고 명확한 정보를 얻지 못했다.

에이브러햄 원리의 깊이와 힘을 자신의 작품에 활용하여 그 힘의 원천인 우리에게로 독자를 안내해준 창의적인 분들에게 감사한다. 1965년 나는 나폴레온 힐의 고전 《생각하라 그러면 부자가 되리라》를 발견했다. 의도적으로 활용했고 놀랍도록 효과가 있었다! 힐의 원리가 너무 잘 작용해서 《생각하라 그러면 부자가 되리라》를 교재로 사용하여 내 사업과 함께 그 원리를 다른 사람에게 가르치기 시작했다.

힐의 성공 원리를 몇 년간 가르친 후 깨달았다. 함께 공부하던 사람 중 내가 기대했던 정도의 성공을 이룬 사람은 소수에 불과했다. 상당한 성장을 경험한 사람이 많았지만 얼마나 많은 성공 강좌에 참석하든 의미 있는 재정적 성장이 전혀 없는 것처럼 보이는 사람도 있었다.

힐의 책 처음 아홉 페이지에서 그는 독자에게 비밀을 찾으라고 한다. '숨겨진 비밀'을 24번 언급한다. 아마도 1965년과 1982년 사이에 그 책을 천 번 넘게 읽었지만 '그 비밀'이 실제로 무엇인지 확신한 적은 없었다. 언제나 뭔가 빠져 있다는 걸 느꼈다. 이 성공 방정식에 또 다른 요소가 있다는 게 분명했다. 그래서 그 잃어버린 고리를 찾기 시작했다. 계속된 탐색 동안 많은 철학서를 읽었지만 《생각하라 그러면 부자가 되리라》는 여전히 내가 찾던 것에 가장 가까운 책이었다. 하지만 힐이 알고 있던 것의 많은 부분을 책에 넣지 않았다. 대중 시장에서 받아들여지지 않을 거라고 봤기 때문이다. 게다가 책에 넣었던 비밀의 많은 부분이 편집되어 삭제되었다!

약 3년 전 나는 무삭제판 《생각하라 그러면 부자가 되리라》 원고를 발견했다. 멜빈 파워스의 윌셔 북 컴퍼니에서 재출판된 것이었다. 40년 넘게 사용해오던 버전과 단어 하나하나를 비교했을 때 놀랐다. '비밀'이 교묘하게 편집되어 삭제되어 있었다. 내가 힐의 비밀을 발견할 수 없었던 건 당연하다. 거기에 없었으니까!

더 자세한 내용은 다루지 않겠지만 한 가지만 말하겠다. 많은 강력한 누락 중에서 진동(vibration)이라는 단어가 무려 37번이나 삭제되어 있었다. 나중에 다시 언급할 때까지 이 점을 기억해두길 바란다. 결국 나폴레온 힐이 발견한 많은 성공의 비밀이 출판조차 되지 않았고 초판에서 출판하려 했던 많은 진실도 편집되어 삭제되었다.

이제 70년을 건너뛰어 에스더와 내가 진실의 출판에 관해 재미있는 깨달음을 얻게 된 이야기로 가보자.

한 텔레비전 프로듀서가 우리의 작업을 중심으로 TV 쇼를 만들게 해달라고 요청했다. 촬영팀을 우리의 웰빙 어드벤처 크루즈에 데려와 배에서 열린 워크숍을 중심으로 핵심 장면을 촬영했다. 그런데 일련의 우연한 사건으로 영화는 호주 네트워크 TV 방영 전에 DVD 형식으로 진화했고 그 결과 엄청난 성공을 거두었다. 전 세계 수백만 명이 시청했다. 그 쇼의 이름은 《시크릿》. 이전에 숨겨져 있던 '성공의 비밀'을 세상에 공개한다는 것이 광고된 의도였다. 하지만 열광적인 시청자는 자신이 찾던 진짜 '비밀'이 다시 한 번 억압되었다는 것을 거의 알지 못했다. 쇼가 방영되기 전 우리는 통보를 받았다. '그 권력자들'이 에이브러햄이 사용한 핵심 단어 '진동'을 삭제하라고 요구했다는 것을.

에스더와 나는 경악했다! 70년이 지났는데도 대중은 여전히 '진동'이라는 단어로부터 '보호'받고 있었다! 《시크릿》 뒤에 숨겨진 진짜 비밀은 '비밀'이 여전히 비밀로 유지되고 있다는 것이었다.

이런 사건의 내부에 있다 보니 얼마나 많은 '진실'이 검열관에게 제지당하는지 궁금할 정도였다. 그러나 나는 이런 혁신적인 철학적 개념이 미디어에서 편집되는 이유가 대중에게 진실을 숨기려는 것이 아니라고 믿게 되었다. 오히려 마케터들이 '팔릴 것'이라 믿는 것을 팔기 위해서다. 또한 선의를 가진 사람이 혁신적인 아이디어를 더 받아들이기 쉽게 만들려다 보니 새로운 아이디어를 희석하거나 다시 표현하여 그 순수함이 주는 충격을 약화시키기도 한다. 에이브러햄은 사고의 최전선에 군중은 없다고 말했다.

하지만 인터넷으로 즉각 연결되는 이 시대에 우리는 알게 되었다. 군중 속에도 최전선에서 사고하는 사람이 흩어져 있다는 것이다.

에스더와 나는 지난주(2007년 3월) 출판사로부터 기쁜 소식을 받았다. 우리 책 《끌어당김의 법칙》(1985년 녹음을 필사한 것)이 뉴욕타임스 베스트셀러 2위에 올랐다는 것이다. 아마존에 등록된 수백만 권의 책 중에서 우리의 첫 번째 헤이 하우스 책 《요청하라 그러면 주어지리라》는 3년 전 출간 이래 거의 매일 상위 100권 안에 들어 있다. 지난주에는 CD 오디오북 《끌어당김의 법칙》이 아이튠즈 3위라는 소식도 들었다.

이번 달부터 에이브러햄의 가르침은 월마트, 샘스클럽, 타겟, 코스트코에 진열되어 있다. 10,000개 이상의 대형 소매점과 서점에서 구할 수 있게 된 것이다. 이번 달에는 오프라 윈프리와 함께 세 개의 라디오 쇼를 만드는 기쁨도 누렸다.

왜 이 이야기를 하는가? 이 정보가 주류 대중에게 쉽게 접근 가능해지면서 다양한 서평을 통해 광범위한 반응을 듣기 시작했기 때문이다. 온라인 리뷰도 읽기 시작했다. 이 책이 많은 사람에게 기쁨을 가져다준다는 글을 읽을 때 정말 달콤하다.

하지만 향기로운 꽃다발 속에 벌침도 있다. 에스더가 채널링을 가장해서 이익을 얻고 있다며 비난하는 사람이 있다. 반대로 에스더가 정말로 에이브러햄에게 가르침을 받고 있다고 믿으면서도 그런 방식으로 책이 쓰이는 건 잘못이라고 비난하는 사람도 있다. 어떻게 모두를 기쁘게 할 수 있겠는가? 우리는 오래전에 배웠다. 아무도 모든 사람을 기쁘게 할 수 없다는 것을.

그래서 1985년 초에 자료를 자가 출판하기로 결정했다. 에이브러햄에게 받는 실용적인 정보를 검열 없이 순수한 그대로 질문하는 분에게 제공할 수 있도록. 루이스 헤이가 에이브러햄에게 종합적인 책을 쓰게 하고 헤이 하우스가 출판하도록 허락해달라고 요청했을 때(《요청하라 그러면 주어지리라》, 2004년) 그녀는 임원들에게 이렇게 말했다. "편집 과정에서 에이브러햄의 말을 바꾸지 말라고 전 직원에게 알리겠습니다. 에이브러햄의 가르침이 순수한 그대로 전 세계로 뻗어 나가도록 하겠습니다."

에스더와 나는 루이스와 그녀의 출판사가 이 훌륭한 자료를 순수한 형태로 세계에 제공하겠다는 의도를 이행하고 있다는 것에 말로 할 수 없을 만큼 기쁘다. 그것을 요청하는 세계의 분들에게도 감사한다. 에이브러햄의 가르침을 담은 또 하나의 책 출판을 돕는 것도 좋지만 가장 큰 기쁨은 정보의 번역 즉 창조에 있다.

다양한 환경에서 온 사람이 모여 자신만의 관점으로 에이브러햄에게 중요한 질문을 할 수 있는 장을 제공하는 것. 이보다 에스더와 나를 더 기쁘게 하는 것은 없다. 당신과 같은 분의 끝없는 질문에 의해 다듬어지고 조율되는 이 메시지의 진화와 확장을 실제로 느끼는 것. 이것이 분명히 에스더와 내가 태어난 목적일 것이다. 그것을 아는 이유는 그것을 하는 것이 너무나 기분 좋기 때문이다.

— 진심을 담아, 제리 힉스

에스더와 에이브러햄,
시작할 준비가 되다

에스더: 안녕하세요 에이브러햄. 이미 알고 계시겠지만 저는 당신의 정보를 전달하는 이 시간을 정말 즐기고 있어요. 책을 쓰고 세미나를 하는 것은 정말 멋진 경험이에요. 당신이 저를 통해 흘러나오는 느낌을 사랑해요.

매일 아침 몇 시간씩 앉아서 당신이 이 새 책을 쓰도록 내맡기는 것이 저의 의도예요. 이것을 하기에 완벽한 환경을 찾은 것 같아요. 개인적으로 이보다 더 아름답거나 기분 좋은 공간에 있어본 적이 없어요. 모든 것에 대해 정말 기분이 좋고 제가 느끼는 방식이 이렇게 나아진 것은 흐름에 대한 당신의 최근 이야기 덕분이라고 생각해요. 역류/하류 비유요.

시작하기 전에 당신과 잠시 대화하고 싶었어요. 당신을 사랑한다고, 당신과 함께 일하는 것을 사랑한다고, 이것을 영원히 하고 싶다고 말하고 싶었어요. 눈을 감고 숨을 쉬면서 받는 대로 당신의 말을 쓸게요.

에이브러햄: 에스더, 흥미로운 과정이지요? 우리는 당신에게 전할 책을 가지고 있어요. 한 권이 아니라 셀 수 없이 많은 책을요. 당신의 세상이 요청했고 당신과 제리가 요청했어요. 책은 이미 주어졌고 당신 안에 준비되어 있어요. 이제 그것을 받기 위한 시간과 맞춤을 찾는 것은 당신에게 달려 있어요.

우리는 당신이 항상 이것을 감지해왔다는 걸 알아요. 수많은 경우에 우리의 말을 받을 준비를 갖추는 경험을 해왔으니까요. 하지만 이제 최근의 많은 이야기를 통해 당신은 자신이 하는 역할의 가치를 훨씬 더 잘 알고 있어요.

모든 사람이 원하는 모든 것은 주어졌어요. 하지만 그것을 받고 보고 가지려면 어떤 상황에서든 그것과 진동적으로 맞아야 해요. 그것은 섬세한 균형이에요. 에이브러햄의 진동과 맞추기 위해 물질 세계에 대한 인식을 충분히 놓아주면서 동시에 우리를 받아들이고 우리의 메시지를 당신의 세계가 이해할 수 있는 말로 옮기기 위해 물질 세계와의 연결을 충분히 유지하는 것. 이 균형은 당신이 이룬 놀라운 안정성과 명확성을 필요로 해요.

자, 이제 또 하나의 멋진 책을 쓰기 시작합시다.

목차

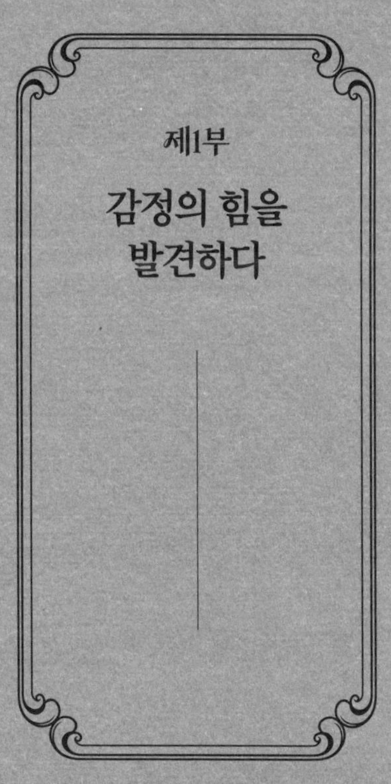

제1부

감정의 힘을
발견하다

1장
에이브러햄, 지구에 온 당신을 환영하다

자, 여기 당신이 있어요. 이 멋진 행성에서 멋진 몸을 갖고 살아가고 있지요. 이곳에 도착한 첫날은 아니지만 우리는 지구에 당신을 다시 환영하고 싶어요. 이곳에 도착한 첫날은 아니지만 우리는 지구에 당신을 다시 환영하고 싶어요.

지금까지 있었는데 환영하는 게 이상하게 느껴질 수도 있어요. 하지만 이 생애와 당신의 존재 그리고 당신에 대한 새로운 관점을 얻도록 돕고 싶기 때문이에요!

우리는 현재 삶의 경험 속에 있는 당신을 명확하게 볼 수 있어요. 또한 한 발짝 물러서서 당신의 현재 관점에서 볼 수 있는 것보다 훨씬 넓은 맥락에서 당신과 당신의 삶을 볼 수 있어요. 더 넓은 시야에서 우리가 전하는 이야기가 이 영원한 삶의 계획 안에 있는 완벽함을 깨닫는 데 도움이 되길 바라요.

당신이 이 몸으로 태어난 순간이 당신이라는 존재의 시작처럼 보인다는 걸 알아요. 하지만 그건 시작과는 거리가 멀어요.

영화관을 생각해보세요. 영화관에 들어갔다고 해서 '나'라는 존재가 그때 시작되었다고 느끼지 않잖아요. 들어오기 전에 뭘 했는지 기억하고 나가면 어디로 갈지도 알아요. 극장에 들어오기 '전'과 극장에 '있는 것' 그리고 극장을 나온 '후'가 자연스럽게 이어지는 걸 느끼죠.

몸에 태어나는 것도 같아요. 다만 한 가지가 달라요. 영화관에 들어갈 때는 들어오기 전의 일을 잊지 않지만 이 몸으로 태어날 때는 그 전의 기억이 희미해져요. 그래서 태어난 순간이 시작처럼 보이는 거예요. 하지만 영화관에 들어간다고 그 전의 삶이 사라지지 않듯 이 몸으로 태어났다고 그 전의 당신이 사라진 게 아니에요.

우리는 당신의 인식을 조금 넓히려고 해요. 지금 '나'라고 부르는 이 몸으로 태어났을 때 그때 처음 시작한 게 아니었다는 걸 깨닫도록요. 이 몸에 오기 전에 진짜 누구였는지 기억하면서 그 넓은 연속성의 감각을 다시 깨우는 것이 우리의 바람이에요. 더 나아가 그 넓은 관점으로 살도록 내맡기는 것이 우리의 바람이에요.

감정이 알려주는 것들

지금 여기에 초점을 맞추되 진짜 누구인지 그리고 왜 이 몸으로 나왔는지를 기억하면서요.

이렇게 말할 수도 있어요. "하지만 태어난 날과 달리 영화관에 들어갔을 때 나는 다 자란 어른이었어요. 말하고 걷고 스스로 먹을 수 있었고요."

이해해요. 갓 태어난 아기의 작은 몸과 아무것도 못 하는 모습을 보면 그때 처음 생겨난 존재처럼 보일 수밖에 없죠. 하지만 사실이 아니에요. 당신은 이미 오래전부터 존재해온 지혜로운 존재예요. 이곳에서의 새로운 몸과 새로운 환경은 그 존재가 새로운 방식으로 확장하기 위해 선택한 기회예요.

진짜 나는 누구인지에 대한 넓은 관점이 깨어나면 이 삶에 대한 감사가 엄청나게 커질 거예요. 더 큰 맥락에서 지구의 삶을 바라보면 두려움은 줄어들고 삶에 대한 자연스러운 열망이 폭발할 거예요.

당신의 믿음의 가치

자, 우리는 가장 넓은 맥락에서 당신과 당신의 삶을 바라보며 지금 당신이 서 있는 곳에서 이해할 수 있도록 설명하려고 해요. 하지만 당신은 아직 우리의 관점에서 자신을 볼 수 없어요. 볼 수 있게 되면 우리의 설명은 필요 없어질 거예요.

이 책에서 우리는 당신에 대해, 우리에 대해, 그리고 우리가 서로 어떻게 이어져 있는지에 대한 관점을 나눌 거예요. 강요할 수는 없어요. 하지만 이 말을 읽으며 열린 마음으로 충분히 곱씹다 보면 다리가 놓여요. 마지막 페이지를 넘길 때 우리의 관점을 이해하고 잡을 수 있을 거예요. 우리의 말이 강력해서 당신을 바꾼 게 아니에요. 우리 말의 논리와 당신 삶의 전개가 만나면서 믿음이나 희망이 앎으로 바뀌는 거예요.

얼마나 멋진 상태인가요. 내가 왜 존재하는지를 절대적인 확신으로 알고 나의 모든 것에 대해 온전히 깨어 있는 것. 그러고 나서 하러 온 것을 계속하면 돼요. 기쁨 속에서 영원히 확장하는 삶을 사는 것!

이 영광스러운 행성이 당신을 설레게 했다

지구에서 새로운 몸으로 나온다는 생각이 당신에게 새로운 것은 아니었어요. 하지만 절대적으로 황홀한 생각이었어요. 물질적으로 태어나기 전 비물질적 관점에 있을 때 이 새로운 탄생이 의미하는 모든 것을 이해했기 때문이에요. 태어날 완벽하고 안정된 환경을 이해했고 그 다양성에 무한한 열정을 느꼈어요.

가장 많이 느낀 것은 이 환경의 자유롭고 무한한 본질이었어요. 도착을 기대하면서 이 행성의 다양한 자연의 아름다움이 당신을 설레게 했어요. 기다리고 있는 사람과 아이디어의 다양성도요. 이 몸으로 새롭게 들어오기 위한 준비의 어느 시점에서도 이 행성 사람들의 관점에 대해 걱정하지 않았어요. 단 한 번도 그들을 바로잡거나, 그들의 잘못을 보여주거나, 방향을 교정하기 위해 여기 와야 한다고 느끼지 않았어요.

당신은 이 행성을 다양하고 끊임없이 변화하며 완벽한 곳으로 보았어요. 말로 할 수 없는 열망을 갖고 나왔어요. 당신이 오고 있던 안전한 자리 때문에 들어오는 것이나 일단 여기 와서 둘러싸일 것에 대해 경계하거나 걱정하지 않았어요. 대신 새로운 환경에 대처할 뿐 아니라 기쁨의 확장을 위해 그것을 파낼 자원이 자기 안에 있다는 걸 알았어요. 당신이 영원히 해오고 있는 것을 위해서요.

그래서 여기 당신이 있어요. 방금 여기에 온 것은 아니지만 지금 읽은 모든 것은 여전히 진실이에요.

이 몸으로 나오기 직전의 이해를 되살려서 당신이 의도한 방식대로 이 영광스러운 행성에서 이 멋진 몸 안에서 이 장엄한 삶을 경험할 수 있도록 하는 것이 우리의 바람이에요. 친애하는 친구들이여, 지구에 오신 것을 환영해요.

2장.
당신이 잊고 있던 큰 그림

우리는 이 책의 핵심에 도달하기를 열망하고 있어요. 당신의 감정이 가진 힘과 가치에 대한 온전한 설명이며 그것을 어떻게 이해하고 그 안내를 효과적으로 활용할 수 있는지에 관한 것이에요. 하지만 먼저 당신의 영원한 본질에 대한 더 넓은 시야를 드리는 게 필요해요.

당신에 대한 이 설명이 처음에는 낯설게 느껴질 수 있어요. 하지만 흡수하고 충분히 곱씹으면서 이 관점에 대한 인식을 느끼기 시작할 거예요. 당신 존재의 더 깊고 넓은 수준에서 이미 이것을 알고 있기 때문이에요. 이 말이 기억하도록 도울 거예요.

당신은 경험을 물질적 용어로 정의하는 데 익숙해요. 장소, 시간, 공간처럼요. 그 기준으로 보면 비물질적 영역은 '장소가 아닌 것'으로 느껴질 수 있어요. 물질적 관점에서 정확하게 인식할 수는 없지만 그것은 존재하고 실재하며 광대해요. 순수하고 긍정적인 에너지의 세계예요.

이 몸으로 나오기 전에 당신은 그 비물질적 영역에서 완전히 깨어 있었어요. 지금 자신을 '나'로 인식하는 것처럼 그때도 자신을 '나'로 알고 있었어요. 지금 이 몸 안에서 세상을 자기만의 눈으로 바라보고 해석하는 것처럼 비물질적 관점에서도 자기만의 강력하고 개인적인 관점으로 모든 것을 해석했어요. 비물질적 당신은 영원히 확장하는 정체성을 갖고 있어요. 그 관점에서 관찰하고 생각하고 상상하고 알고 느꼈어요.

그 넓고 순수한 비물질적 관점에서 당신은 이 몸으로 나왔어요. 비물질계에 있는 순수하고 긍정적인 에너지 존재가 자신을 확장한 거예요. 바로 이 몸의 당신으로요.

이렇게 생각해보세요. 당신이 태어나서 당신과 다른 사람이 '나'로 인식하는 이 몸과 성격을 입었어요. 그런데 태어나기 전 비물질적 영역에 존재했던 그 의식적 존재는 사라진 게 아니에요. 여전히 거기에 있어요.

비유를 들어볼게요. 소설가가 머릿속에서 인물을 떠올려요. 그 인물은 종이 위에 살아나요. 하지만 그 인물을 만들었다고 해서 소설가가 사라지지 않아요. 소설가는 여전히 존재하고 또 다른 인물을 만들 수도 있어요. 생각하는 자는 생각을 하지만 그 생각과는 별개로 존재해요. 마찬가지로 비물질적 당신은 이 몸의 당신을 생각해서 보냈지만 보내진 당신과는 별개로 여전히 존재해요.

비물질적 관점에서 당신은 물질적 당신을 낳았어요. 비물질계에서 물질계로 확장된 에너지가 어머니의 자궁에서 자란 몸과 합류했을 때 당신은 태어났어요. 한때 상상 속에 있던 아이디어가 물질적 현실이 된 거예요. '당신'이라는 아이디어가 살과 뼈를 가진 현실이 된 거예요. 그리고 그 아이디어를 낳은 비물질적 당신은 사라지지 않았어요. 여전히 비물질적 초점을 유지한 채 남아 있고 오히려 당신의 물질적 탄생으로 인해 훨씬 더 확장되었어요.

비물질적 당신이 확장되었을 뿐 아니라 당신은 두 개의 강력한 관점을 갖게 되었어요. 물질적 관점과 비물질적 관점. 이 두 관점에게 서로와의 관계보다 더 중요한 것은 없어요. 당신이 살고 있는 모든 것은 물질적 관점과 비물질적 관점 그리고 그 둘이 어떻게 서로 작용하는지에 관한 것이에요. 우리가 이 책을 쓰는 이유는 당신이 참 자아의 놀라운 힘을 발견하도록 돕기 위해서예요. 그것을 발견할 때 비로소 비물질적 당신과의 관계를 명확하게 이해할 수 있을 거예요.

최초에 모든 것과 하나인 근원이 있었어요. 순수하고 긍정적인 무한한 에너지예요. 그 근원 안에 당신만의 존재가 있었어요. 모든 것과 하나이면서도 자기만의 관점과 개성을 가진 존재. 그게 참 자아예요. 참자아는 근원과 한 번도 떨어진 적이 없어요. 근원의 순수한 에너지 그 자체예요.

그 참 자아가 더 멀리 뻗어 나왔어요. 이 물질적 세계로요. 그렇게 해서 지금 당신이 '나'라고 인식하는 이 몸의 당신이 된 거예요. 근원에서 참 자아로, 내면 참 자아에서 나로. 하나의 에너지가 뻗어 나온 거예요. 끊어진 적은 한 번도 없어요.

당신의 참 자아와의 관계

앞에서 근원, 참 자아, 나를 설명했어요. 이제부터 이 책에서는 물질적 당신을 '나'로, 비물질적 당신을 '참 자아'로 부를 거예요. '근원', '영혼', '신'이라고 부를 수도 있지만 우리는 '참 자아'라는 이름을 좋아해요. 당신이라는 존재의 뿌리이고 당신이 안에서 느낄 수 있는 것이기 때문이에요.

참자아의 관점에서 당신의 참 자아는 그 의식을 물질적 당신에게 투사했어요. 그렇게 당신은 태어났어요. 이제 여기 당신이 있어요. 살고, 숨 쉬고, 생각하고, 존재하고, 있어요. 동시에 참자아도 근원 안에서 살고, 생각하고, 존재하고 있어요.

우리는 당신이 지금 초점을 맞추고 있는 이 시간과 장소를 '사고의 최전선'이라고 부르길 좋아해요. 참자아가 이 삶의 경험으로 자신을 뻗어 나왔다고 생각해보세요. 그러면 지금 당신이 살고 있는 이 물질적 세계가 근원에서 가장 멀리 나온 곳이라는 걸 이해하기 쉬워져요.

사람들은 물질 이전의 기원에 관해 다양한 믿음을 갖고 있어요. 하지만 그 많은 믿음을 관통하는 공통된 실이 있어요. 그런데 그것은 사실과 정반대예요. 그 잘못된 믿음은 이거예요. '신은 비물질적이고 완벽하며 그 완벽함 안에서 완전하다. 인간은 그 완벽함을 이루거나 신을 따라잡기 위해 물질적 삶을 부여받았다.'

우리가 당신이 기억하기를 바라는 것은 물질적 몸 안에 있는 당신이 인간들이 신이라고 부르는 것의 확장이라는 거예요. 당신이 신(또는 근원)의 가장 먼 확장이기 때문에 당신 안의 신도 당신과 함께, 당신을 통해, 그 확장을 경험하고 있어요.

우리가 이 비물질적 근원 에너지를 표현하기 위해 '신'이라는 단어를 사용하면 사람들이 이미 이 단어에 대해 갖고 있는 생각들을 떠올려요. 그래서 우리가 제공하고자 하는 더 깊은 명확성을 찾는 것을 막는다는 것을 발견했어요. 그래서 우리는 이 비물질적 근원 에너지를 '신'이라는 단어로 거의 묘사하지 않아요. '신'이라는 단어는 여러분 대부분 안에서 이 주제에 대해 이미 가진 생각을 활성화시킬 뿐이에요. 그래서 '신' 대신 '근원'이라는 표현을 사용할 거예요. 이 비물질적 근원은 당신이 그 존재나 자신과의 연결을 인식하지 못할 때조차 당신을 통해 끊임없이 확장을 경험하고 있어요.

3장.
우주는 당신을 통해 확장한다

당신은 비물질적 근원 에너지였어요. 그리고 여전히 그래요. 그 참자아의 관점에서 당신은 의식의 일부를 여기 이 물질적 몸으로 투사했어요. 그래서 여기 당신이 있어요. 사고의 최전선인 이곳에서 이 시공간의 다양한 경험들을 탐험하면서요.

이제 여기 물질적 몸 안에서 당신은 감각을 통해 느낄 수 있는 다양한 삶의 경험들에 둘러싸여 있어요. 당신이 삶을 살아가면서 하루하루 경험하고 해석하는 것들이 우주의 확장을 일으켜요.

당신이 세상을 관찰할 때 당신은 그것을 당신의 눈으로 보고, 귀로 듣고, 감각을 통해 냄새 맡고, 맛보고, 만져요. 다시 말해서 당신은 '나'라는 개인적이고 중요한 관점을 통해 세상을 볼 수밖에 없어요. 나의 관점에서 삶을 인식하는 그 자연스러운 과정에서 당신은 새로운 선호와 더 나은 것에 대한 욕망을 낳을 수밖에 없어요. 이기적인 관점에서 삶을 살아감으로써 당신은 개선점들을 발견하고 있는 거예요.

우리의 물질적 친구들 중 많은 이들이 이기적이라는 생각을 좋아하지 않아요. 하지만 그건 삶의 근본 원리를 오해한 거예요. 당신은 이기적인 것 외에 다른 것이 될 수 없어요. '나'의 관점 없이는 아무것도 인식할 수 없고 존재할 수도 없기 때문이에요. 이건 사람만 그런 게 아니에요. 아무리 작은 생명이라도 자기 관점에서 인식해요. 모든 의식은 그래요. 각자 끊임없이 변화하는 자기만의 관점에서요.

말 없이도 당신은 창조하고 있다

삶을 살면서 개인적인 경험을 하고 다른 사람의 경험을 관찰하면서 분명히 원하지 않는 것들을 봐요. 그때마다 당신이 원하는 것에 대한 명확함이 안에서 분출돼요. 때때로 이렇게 말할 수 있어요. "나는 저건 원하지 않아! 내가 원하는 건……."이라고요.

원하지 않는 것에 직면하면 항상 원하는 것을 더 명확히 알게 돼요. 의식적으로 인식하든, 아니든 하루 종일 매일 사고의 최전선에서 살고 있는 삶의 세부 사항으로부터 새로운 욕망을 낳고 있어요. 대부분의 사람은 이 확장의 과정을 인식하지 못해요. 심지어 지금 이 말을 읽을 때조차 자기 삶에 특별한 의미가 있다고 여기지 않아요. 하지만 이 몸으로 나오기 전에 참자아의 관점에서 당신은 그것이 매력적이라고 느꼈어요. 사실 그보다 더 황홀한 생각은 없었어요. 우주의 전체 확장이 바로 그런 방식으로 일어난다는 것을 이해했기 때문이에요.

지구에서의 최전선 경험이 당신 안에서 확장을 일으킬 거라는 걸 알았고 이 시공간 현실의 다양한 대조가 존재를 영원히 확장하게 만드는 재료라는 걸 알았어요. 참자아의 관점에서 당신은 창조와 확장의 전체 그림을 볼 수 있었어요. 그래서 우리가 지금 다시 그것을 상기시키는 거예요.

참자아는 새로운 욕망과 함께 흐른다

당신이 새롭게 확장된 욕망을 의식적으로 인식하든, 아니든 욕망은 살면서 경험하는 다양한 상황으로부터 태어나요. 원하지 않는 것을 알게 될 때 원하는 것에 대한 명확한 아이디어가 태어나요. 그리고 참자아, 당신 안의 근원은 그 새로운 아이디어에 온전한 주의를 돌려요!

이것이 창조의 이야기에서 가장 중요한 부분이에요. 삶을 살다 보면 원하지 않는 것을 만나요. 그때 당신 안에서 '이건 싫어, 나는 이런 걸 원해'라는 새로운 아이디어가 태어나요. 참자아는 즉시 그 아이디어를 받아들이고 그것이 돼요. 이 순간 당신 앞에 선택이 놓여요. 참자아가 이미 받아들인 그 새로운 아이디어를 나도 함께 받아들일 것인가, 아니면 '그건 안 돼, 불가능해'라고 거부할 것인가.

이 하나의 선택이 이 책이 다루는 전부예요. 받아들이면 참자아와 맞춰지고 기쁨을 느껴요. 거부하면 참자아와 어긋나고 괴로워요. 기쁨의 삶이냐 비참함의 삶이냐는 바로 이 선택에서 결정돼요. 이 몸으로 태어나기 전에 당신은 참자아의 관점에서 이것들을 분명히 알고 있었어요.

'나는 물질적 몸에 초점을 맞출 것이다. 다양한 경험 속에서 살 것이다. 그 경험이 내 안에서 더 나은 것에 대한 새로운 아이디어를 일으킬 것이다. 참자아는 그 새로운 아이디어를 온전히 받아들이고 그것이 될 것'이란 것을 알고 있었어요.

생각은 항상 현실에 앞선다

존재하는 모든 것의 창조에서 생각은 항상 먼저 와요. 당신 주변에 보이는 모든 것은 한때 생각이나 아이디어였어요. 생각에서 시작해서 물질적 현실이 된 거예요. 창조가 너무 멀리 와버렸기 때문에 지금 서 있는 곳에서 그 시작까지 돌아볼 수는 없어요. 하지만 현실로 보는 모든 것은 한때 아이디어였어요. 끌어당김의 법칙에 의해 지금 보는 형태에 도달할 만큼 충분히 오래 생각된 아이디어예요. 이 창조의 과정 밖에 존재하는 것은 아무것도 없어요.

이 행성은 인간이 그 위를 걷기 훨씬 전에 비물질적 영역에서 구상되었어요. 근원이라 불리는 그 비물질적 초점이 그 아이디어에 집중하면서 이 경이로운 시공간 현실이 창조되었어요. 먼저 생각이 있고 그 주제에 더 많은 생각이 더해지면서 형태를 갖추기 시작해요. 사람이 '현실'이라고 부르는 것이 나타날 때까지요. 행성 자체의 창조와 마찬가지로 당신도 이 몸 안에서 근원의 확장으로서 생각을 통해 이 행성과 그 위의 삶을 계속 창조하고 있어요.

원하지 않는 것을 알면 원하는 것을 더 명확히 알게 돼요. 그래서 더 나은 아이디어가 살면서 겪는 경험에서 태어나요. 매일, 매 순간 삶을 경험하면서 끊임없이 욕망을 쏘아 올리고 있어요. 우리는 그걸 '욕망의 로켓'이라고 불러요.

욕망의 로켓이 발사될 때마다 당신 안의 근원은 그 새로운 버전의 삶에 초점을 맞추고 그것이 돼요. 삶을 살면서 원하는 것이 명확해질 때마다 참자아는 확장해요. 말로 표현하든, 안 하든요.

당신의 희망과 꿈과 의도와 더 나은 것에 대한 아이디어는 당신 안에 쌓여 있어요. 당신을 위해 보관되고 관리되고 자라나며 당신이 받아가기를 기다리고 있어요. 보관될 뿐 아니라 참자아는 이미 그것이 되었고 끊임없이 물질적 당신을 그쪽으로 부르고 있어요. 이것이 바로 우리가 말하는 흐름이에요. 물질적 당신이 낳은 아이디어의 완성을 위해 참자아가 당신을 앞으로 부르고 있어요. 그 부름이 가장 순수하고 저항 없이 느껴질 때 열정이나 열광으로 느껴져요.

이제 가장 중요한 질문이에요. 당신은 새롭게 확장된 버전의 당신과 합류하도록 자신을 내맡기고 있나요? 그 질문에 대한 답은 당신이 느끼는 방식에 있어요.

기분이 좋을수록 그 연결을 더 많이 내맡기고 있는 거예요. 기분이 나쁠수록 그 연결을 더 많이 거부하거나 저항하고 있는 거예요.

사랑이나, 기쁨이나 어떤 긍정적인 감정을 느낄 때 당신은 말 그대로 삶이 되게 한 확장된 버전이 되고 있어요. 두려움이나, 분노나, 절망이나 어떤 부정적인 감정을 느낄 때는 지금 주의를 기울이고 있는 것 때문에 확장된 나를 따라가지 않고 있는 거예요.

4장.
당신은 진동하는 존재다

감정이 알려주는 것들

당신은 몸의 감각을 통해 지금 주변 환경을 인식해요. 이 환경을 해석하는 것은 의도적인 집중 없이 너무 자연스럽게 일어나요. 그래서 대부분의 사람은 자신이 진동을 보고, 듣고, 냄새 맡고, 맛보고, 만지고 있다는 걸 의식하지 못해요.

텔레비전을 볼 때 화면 속 사람과 장소가 그 안에서 실제로 살고 있는 게 아니라는 걸 알아요. 그 기계가 어떻게든 신호를 받아 의미 있는 이미지로 바꿔서 화면에 보여주고 있다는 걸 이해해요.

비유가 완벽하지는 않지만 전하고 싶은 말은 이거예요. 비슷한 방식으로 당신은 몸의 감각을 통해 진동적 신호를 받아 지금 살고 있는 현실로 바꾸는 수신자예요. 그렇게 많은 존재와 상호작용하면서 함께 비범한 현실을 창조하고 있어요.

감정이 알려주는 것들

눈을 활용해서 보는 법을 배울 필요가 없었어요. 듣기, 냄새 맡기, 맛보기, 만지기도 너무 자연스럽게 와서 배울 필요가 없었어요. 진동을 의미 있는 삶의 경험으로 바꾸는 능력이 세포 안에 담긴 몸으로 태어났기 때문이에요.

당신에게는 여섯 번째 감각이 있다

당신이 인식하는 다섯 가지 감각, 시각, 청각, 후각, 미각, 촉각 너머에 덜 인식되는 또 다른 감각이 있어요. 감정이에요.

다른 다섯 가지 감각처럼 태어난 날부터 활성화되어 있던 이 여섯 번째 감각은 배울 필요가 없었어요. 아무도 보거나, 듣거나, 냄새 맡거나, 맛보거나, 만지는 것을 가르치지 않았듯이 감정을 느끼는 것도 가르침 없이 왔어요.

사실 감정에 대한 인식은 일상 대화에서 자연스럽게 드러나요. "내 감정이 상했어." "나는 행복해." "기분이 안 좋아." "외로워." "죄책감이 느껴져."

감정은 당신과 당신이 아는 모든 사람의 삶에서 큰 역할을 해요. 하지만 자기 감정의 놀라운 힘과 가치를 의식적으로 아는 사람은 거의 없어요. 여기서 우리의 의도는 이 글을 읽으면서 감정에 대한 더 온전한 이해에 도달하도록 돕는 거예요. 감정이 어떻게 존재하는지, 무엇을 의미하는지, 그리고 가장 중요하게 그 인식을 어떻게 활용하는지요. 당신의 감정이 말 그대로 참자아와 얼마나 맞춰져 있는지를 보여주는 지표라는 걸 설명하려고 해요.

다시 큰 그림으로

당신은 원래 참자아였어요. 지금도 여전히 그래요. 참자아의 일부가 이 몸으로 들어와 태어난 거예요. 이제 몸의 감각을 통해 환경을 인식하고 계속해서 새로운 욕망의 로켓을 쏘아 올려요. 참자아는 그 새로운 욕망을 보고 온전히 주의를 기울이며 그것이 돼요. 이제 새롭게 확장된 버전의 당신으로 서 있어요.

하루 종일 매일 삶의 경험이 당신을 확장시켜요. 다른 사람과의 만남, 읽는 것, 보는 것, 하는 경험. 그 모든 것과 함께 끊임없이 욕망의 로켓을 쏘아 올려요. 누군가 무례하면 더 친절한 대우를 원해요. 오해받으면 이해받기를 원해요. 돈, 건강, 우정이 부족하면 더 원해요. 삶은 끊임없이 당신을 더 되게 해요. 새롭고 개선된 당신은 끊임없이 되어가고 있어요. 참자아가 당신이 요청하는 것이 무엇이든 그것이 되고 있기 때문이에요.

당신의 감정은 절대적인 지표이다

삶에서 무언가가 부족하다는 걸 깨달을 때 욕망이 진화해요. 돈, 시간, 명확성, 체력 같은 것이요. 부족한 걸 알 때마다 원하는 것이 더 명확해져요. 질병 한가운데서 건강에 대한 욕망은 항상 분명히 증폭돼요. 욕망이 하루 종일 매일 진화함에 따라 참자아도 진화해요. 새로운 욕망을 낳는 순간마다 참자아도 그 새로운 아이디어와 욕망과 함께 흐르기 때문이에요.

만약 참자아만큼 자신이 누구인지 확신한다면 당신도 새로운 아이디어를 향해 온전히 주의를 돌릴 수 있을 거예요. 그렇게 한다면 삶에 대한 열망, 마음의 명확성, 말로 할 수 없을 만큼 멋진 몸의 활력을 느낄 거예요. 참자아를 따라갈 수 있다면 그 연결의 황홀함은 달콤할 거예요.

반대로 따라가지 않을 때 그 저항의 불편함을 느껴요.

삶의 어떤 순간에든 느끼는 감정은 당신과 참자아 사이의 진동적 관계를 보여주는 지표예요. 지금 활성화된 생각과 그에 따른 진동이 참자아의 진동과 맞는지 아닌지를 말해줘요. 맞거나 가까우면 기분이 좋아요. 맞지 않으면 기분이 안 좋아요. 그래서 감정에 대한 인식과 그것이 의미하는 바는 의식적 진화에 필수적이에요. 아주 간단히 말해서 기쁜 삶을 살려면 삶이 이끄는 방향을 따라가야 해요.

5장.
생각의 방향을 맞추다

하고 싶은 일을 하기에 돈이 부족하다는 걸 깨달으면 더 많은 돈을 원하게 돼요. 당신 안에 쌓인 것이 그만큼 확장돼요. 하루를 살면서 돈이 더 필요하다고 느끼게 하는 모든 순간이 풍요에 대한 욕망을 더 선명하게 다듬어요.

몸이 원하는 대로 보이지 않거나 느껴지지 않으면 더 나은 몸 상태를 원하게 돼요. 당신 안에 쌓인 것이 그만큼 또 확장돼요.

직장에서 인정받지 못한다고 느끼면 인정받고 싶어져요. 하는 일이 지루하면 더 흥미로운 일을 원해요. 누군가 승진하고 월급이 오르면 나도 그런 대우를 원해요. 의미 있는 관계가 없으면 원해요. 지금의 관계가 힘겨우면 더 잘 맞는 관계를 원해요.

깨어 있는 모든 순간에 삶의 세부 사항을 통해 확장하고 있어요. 이 확장은 멈추지 않아요. 경험하는 모든 것과 함께 개선을 위한 진동적 요청을 보내고 있어요. 그리고 참자아는 이미 그것이 돼 있어요. 당신의 삶이 원한 그 더 나은 버전으로요.

그것은 모두 생각을 맞추는 것에 관한 것이다

이 책의 시작부터 여러 번 읽었어요. 기쁜 삶을 살려면 참자아가 이끄는 방향을 따라가야 해요. 이것은 이 책의 기초일 뿐 아니라 기쁜 삶의 토대예요.

원하는 것이 부족할 때 그걸 갖고 싶은 욕망이 더 커진다는 데 이의를 제기할 사람은 없어요. 정말로 무언가를 원한다고 확인하면, 그걸 가지면 기분이 좋아질 거라는 데 아무도 의문을 품지 않아요. 하지만 기쁜 삶을 만드는 데 매우 중요한 구별이 있어요. 이것은 행동이 아니라 생각의 과정이에요. 결과를 얻기 위해 행동을 취하는 게 아니라 생각을 맞추는 거예요.

삶이 더 많은 돈이 필요하다는 걸 깨닫게 할 때 우리는 다른 직장을 구하거나 활동을 바꾸라고 하는 게 아니에요.

원하는 것보다 체중이 더 나간다는 걸 깨닫게 할 때 엄격한 다이어트를 하거나 격렬한 운동을 시작하라고 하는 게 아니에요. 직장에서 인정받지 못할 때 우리는 누군가에게 가서 인정해달라고 요구하거나 직장을 그만두고 다른 곳을 찾으라고 하는 게 아니에요.

삶이 당신을 원하게 만든 것이 되도록 내맡기는 것은 행동에 관한 게 아니에요. 생각을 맞추는 것에 관한 거예요. 욕망을 낳은 현재 상황을 뒤돌아보는 게 아니라 욕망의 방향으로 주의를 돌리는 거예요. 결국 어떤 행동에 영감을 받게 될 수도 있지만 당신이 추구하는 건 생각을 맞추는 거예요. 참자아와 맞추는 거예요.

참자아와 맞춰지면 어떤 행동도 기분이 좋을 거예요. 맞춰지지 않으면 어떤 행동도 어렵게 느껴질 거예요. 참자아와 맞춰지면 모든 노력이 멋진 결과를 가져다줄 거예요. 맞춰지지 않으면 노력의 결과가 실망스러울 거예요. "이건 나한테 안 맞아"라고 결론 내리면서 낙담하게 될 거예요.

6장.
그 안도감의 정체

우리가 참자아와의 일치에 대해 말할 때 오직 당신 안의 에너지를 일치시키는 것을 말하고 있어요. 다른 누군가, 다른 무엇과의 일치는 아무 관련이 없어요. 많은 사람들에게는 자신이 가진 문제가 다른 사람들 때문인 것처럼 보이죠. 그래서 '그 사람에 대해 뭔가 해야된다'라고 생각해요.

당신은 다른 사람과 상호작용을 합니다. 종종 그 상호작용은 불편함이나 문제의 원인이죠. 하지만 그들에게 달라지라고 요청하는 것은 답이 아니에요. 대부분의 사람은 어차피 당신을 위해 변하려 하지 않아요. 변하려 할 때조차 당신이 기분 좋기 위해 필요한 모습을 계속 유지할 수 없어요. 당신을 기분 좋게 느끼게 하는 것은 오직 당신 안의 에너지를 일치시키는 데 있어요. 바로 참자아가 이끄는 방향을 따라가도록 허용하는 것이에요.

예를 들어볼게요. 당신이 완벽하게 좋은 하루를 보내고 있어요. 잘 쉬었고, 잘 먹었고, 좋아하는 프로젝트에 행복하게 몰두하고 있어요. 그런데 누군가가 문제를 가지고 와요. 문제만 있는 게 아니라 당신이 해결해야 한다고 생각해요.

여기서는 당신이 아끼는 직원 한 명이, 아끼는 다른 직원과 문제를 겪고 있다고 해볼게요. 이 사람이 상황을 설명하는 것을 들으면서 행복이 줄어들고 활력이 줄어들고 명확함이 줄어드는 것을 느끼기 시작해요. 속상하고 피곤하고 혼란스러워져요. 예의 바르게 듣지만 마음은 해결책을 찾느라 분주해요. 들으면서 이 사람의 말에 공감도 돼요. 그런데 이 문제를 합리적으로 해결하기에 충분한 정보도 시간도 없다는 것을 깨달으면서 압도당하기 시작해요. 명확한 관점을 얻기 위해 관련된 다른 사람과도 이야기하고 싶지만 논의를 더 하고 변화를 제안할수록 기분은 더 나빠져요.

더 많이 듣고 더 많은 사람과 이야기할수록 이 상황을 풀 수 없다는 걸 깨달으면서 무력해져요. 다만 전면적인 결정을 내릴 힘은 있어요. 직원이라면 모두 해고하고 새로 시작할 수도 있죠. 하지만 그래봤자 소용없다는 것도 느껴요.

보통 그 순간에는 인식하지 못하지만 확장을 위한 멋진 기회가 일어나고 있어요. 이 불편한 혼란 한가운데서 욕망의 로켓을 쏘

감정이 알려주는 것들

아 올리고 있기 때문이에요. 원하지 않는 걸 알게 될 때마다 반대의 욕망이 발사돼요. 참자아는 이미 그 확장된 욕망이 되었어요. 지금 느끼는 불편함은 직원의 불평에 대한 반응처럼 보이지만 실제로는 달라요. 지금 생각하고 있는 것과 참자아가 이미 받아들인 새로운 욕망 사이의 불일치예요.

당신 안의 에너지가 참자아와 맞지 않을 때 문제를 해결할 행동은 없어요. 효과적인 행동이나 말을 찾지 못할 거예요. 사실 맞지 않은 상태에서 시도하는 그 어떤 것도 문제를 더 악화시킬 뿐이에요.

만약 우리가 당신의 입장이라면 모든 노력은 하나를 향할 거예요. 기분이 나아지는 방법을 찾는 것. 어떤 방법이든요. 이 불안정한 주제에 대해 어떤 종류든 감정적 안도감을 찾을 거예요. 어떤 안도감이라도 찾으면 참자아와 맞춰지는 길 위에 있는 거예요.

당신의 카누를 흐름에 띄우기

카누를 강에 띄우고 물살을 따라 편하게 떠내려가고 있다고 상상해보세요. 그런데 갑자기 카누를 돌려 역류를 향해 온 힘을 다해 노를 젓기 시작해요. 우리가 물어요.

"왜 물살을 거슬러 가요? 카누를 돌려서 흐름을 따라가면 어때요?"

"하류로요? 그건 게으른 거잖아요!"

"그걸 얼마나 오래 계속할 수 있어요?"

"잘 모르겠어요. 하지만 해내는 게 제 의무예요."

오래 이야기하면 사람들은 이렇게 계속 설명을 덧붙여요.

"이건 우리 모두가 하는 거예요.", "우리 엄마도 했고 그 엄마의 엄마도 했어요.", "성공한 사람은 누구나 물살을 거슬러 부지런히 일했어요.", "모든 트로피와 기념비는 물살을 거슬러 버틴 사람을 위해 세워졌어요.", "어쨌든 이렇게 열심히 일한 사람한테는 죽은 후에 더 큰 보상이 있어요."

우리는 당신이 물살과 싸우는 데 점점 능숙해지는 걸 지켜봐요. 근육은 강해지고 배는 날렵해지고 더 효과적인 노 젓기를 찾아내요. 물살을 거슬러 가는 걸 정당화하는 이야기를 인내심 있게 듣지만 우리는 항상 가장 중요한 것을 말해요.

당신이 원하는 것은 역류해서 올라간 쪽에 없어요! 흐름을 따라가는 하류 쪽에 있어요!

우리가 이렇게 확신하는 이유는 흐름을 이해하기 때문이에요.

그 시작부터 보았고 크기와 속도가 커지는 걸 지켜봤어요. 물살이 무엇인지, 왜 그렇게 흐르는지 알고 당신이 내맡기기만 하면 이 흐름이 어디로 이끄는지 이해해요.

이것은 삶의 흐름이에요. 이 몸으로 나오기 전부터 움직이고 있었어요. 참자아의 관점에서 이 몸으로 이 행성에 오겠다고 결심했을 때 빠르게 움직이는 이 흐름에 합류했어요. 이제 이 몸 안에서 삶을 경험하면서 원하지 않는 것을 알게 돼요. 그때마다 원하는 것에 대한 자연스러운 요청이 생겨요. 크든, 작든 모든 요청과 함께 흐름의 속도를 더하고 있어요.

삶이 지금보다 더 나은 무언가를 요청하게 할 때마다 참자아는 그 욕망의 로켓을 타고 요청에 대한 진동적 응답이 돼요. 당신이 하는 모든 질문은 답을 만들어내고 참자아는 그 답에 초점을 맞춰요. 직면하는 모든 문제는 해결책을 만들어내요. 참자아는 그 해결책에 초점을 맞출 뿐 아니라 그것이 돼요.

내맡긴다면 이 흐름은 당신의 삶이 창조한 모든 것을 갖고 하류에서 기다리고 있어요. 모두 준비되어 있고 당신이 흘러오기를 기다리고 있어요.

참자아는 이미 그것이 되었다

삶이 지금보다 더 나은 무언가를 원하게 할 때 참자아는 당신이 원하는 것이 돼요. 앞서 이야기했듯이 끊임없이 진화하고 있고 삶이 요청하게 하는 모든 것과 함께 참자아가 그 확장된 당신이 돼요.

끌어당김의 법칙은 우주에서 가장 강력한 법칙이에요. 존재하는 모든 것의 관리자예요. 보이든, 보이지 않든, 물질적이든, 비물질적이든 모든 것이 이 법칙에 의해 영향받을 뿐 아니라 관리돼요. 간단히 말해서 비슷한 것끼리 끌어당겨져요. 전자공학의 물리 법칙을 생각하든, 자신의 습관적인 생각이 기분과 태도에 완벽하게 맞는 상황을 만들어내고 있다는 걸 알아차리든 많은 사람이 이미 이 법칙의 기초를 경험 속에서 인식하고 있어요.

끌어당김의 법칙은 확장된 당신의 진동에 반응해요. 그 반응이 삶의 흐름을 만들어요. 이 흐름의 물살은 확장된 당신을 향해 끌어당김의 법칙이 만들어내는 추진력이에요.

이 책이 답하려는 큰 질문은 이거예요. 지금 이 몸 안에 있는 당신은 확장된 참자아와 속도를 맞추고 있나요? 흐름을 따라가고 있나요, 거슬러 가고 있나요?

7장.
참자아와 나 사이의 거리

삶이 당신을 확장하게 했고 끌어당김의 법칙이 확장된 당신의 진동에 반응하고 있기 때문에 이제 그 움직이는 에너지를 의식적으로 느낄 수 있어요. 그것이 바로 감정이에요. 지금 생각하고 있는 것이 참자아의 진동과 맞으면 긍정적인 감정으로 그 조화를 느껴요. 맞지 않으면 부정적인 감정으로 그 어긋남을 느껴요.

카누의 비유로 돌아가면 저항 없이 흐름 속에서 자유롭게 떠내려가면서 나와 참자아 사이의 간격을 좁힐 때 긍정적인 감정을 느껴요. 하지만 여전히 역류로 노를 저으며 흐름을 거슬러 버티고 있다면 그 저항은 부정적인 감정으로 나타나요.

당신을 안내하는 감정의 힘

모르는 누군가가 연락해서 이렇게 말했다고 해봐요.

"안녕하세요, 저를 모르시겠지만 다시는 연락하지 않을 거라고 말씀드리고 싶었어요."

당신은 "알겠어요" 하고 말할 거예요. 이 낯선 사람에게서 다시는 소식을 듣지 못하는 것에 대해 슬프거나 실망하지 않겠죠. 하지만 당신에게 중요한 누군가가 그렇게 말한다면 강한 부정적 감정을 느낄 거예요.

감정은 항상 욕망과 현재 생각 사이의 차이를 나타내요. 욕망과 믿음 사이의 차이, 욕망과 기대 사이의 차이라고 할 수도 있어요. 우리는 이렇게 설명하길 좋아해요. 감정은 참자아의 진동과 지금 당신이 생각하고 있는 것 사이의 관계를 나타낸다고요.

자신에 대해 자랑스러움을 느낄 때 그 감정은 참자아의 생각과 당신의 생각이 맞고 있다는 뜻이에요. 부끄럽거나 창피함을 느낄 때 그 감정은 지금 자신에 대해 하고 있는 생각이 참자아가 당신에 대해 갖고 있는 생각과 매우 다르다는 뜻이에요.

감정이 주는 정확하고 완벽한 이 안내를 받으려면 먼저 이것을 이해해야 해요. 당신은 끊임없이 서로 관계하는 두 관점을 가진 존재라는 걸요.

참자아, 그리고 거기서 확장된 당신이 삶의 가장 먼 정점에 서서 끊임없이 자신을 부르고 있어요. 그 부름을 따라갈 때 열정이

나 열망을 느껴요. 따라가지 않을 때 채워지지 않는 느낌이나 불안을 느껴요. 피할 방법은 없어요. 기쁨을 느끼려면 삶이 이끄는 방향으로 가야 해요. 기쁨을 느끼지 않는다면 아직 그 방향으로 가고 있지 않은 거예요.

감정은 참자아와의 일치 정도를 나타낸다

살면서 알게 되듯 무엇이 일어나고 있는지, 무엇을 보고 있는지, 무엇을 생각하고 있는지에 따라 다양한 감정이 흘러요. 감정은 좋든, 나쁘든 참자아와 당신 사이의 관계를 보여주는 지표예요. 지금 이 순간 참자아를 따라가고 있는지 아닌지를 보여줘요.

시간이 지나면서 사람들은 다양한 감정을 많은 단어로 묘사하게 되었어요. 수많은 사람이 다양한 경험을 하면서 무엇을 느끼는지와 그걸 묘사하는 단어에 대해 어느 정도 합의에 이르렀어요.

우리는 당신이 두려움이나 증오나 분노보다는 열망과 사랑과 기쁨의 감정 속에 있기를 바라요. 하지만 이 감정들의 진동적 이유를 이해하기 때문에 두려움에서 곧바로 기쁨으로 안내하려고 하지 않아요. 그 차이는 한 번에 뛰어넘기에 너무 크거든요. 한 번에 도약할 필요도 없어요. 기분이 나아지는 방향으로 조금씩 움직이는 것이 필요한 전부이고 가능한 전부예요.

당신이 원하는 것은 흐름을 거슬러 가는 역류 쪽에 없다

당신 주변에 보이는 모든 것은 물질적인 것이 되기 전에 생각이었어요. 땅, 하늘, 강, 건물, 사람, 동물까지.

대부분은 깨닫지 못하지만 당신은 사고의 최전선에 서 있어요. 오감을 통해 진동을 해석하는 데 너무 능숙해서 그 과정을 전혀 인식하지 못하죠. 모든 게 그냥 삶이고 당신은 그걸 살고 있을 뿐이에요. 하지만 주변에 보이는 모든 것이 먼저 생각이었고 그다음 형태가 되었고 마침내 지금 보는 대로 나타났다는 걸 이해할 수 있다면 창조의 더 큰 그림이 보이기 시작할 거예요. '실제 삶의 경험'이라고 부르는 것이 어떻게 존재하게 되는지 더 명확히 알게 될 뿐 아니라 모든 것이 오고 흐르는 물살도 느끼게 될 거예요.

'당신이 원하는 것은 흐름을 거슬러 가는 쪽에 없다'는 것은 바로 이런 뜻이에요. 당신의 욕망은 이미 생각하고 요청했기 때문에 이미 창조되는 과정에 있어요. 둥근 물체가 저절로 내리막길을 굴러가듯, 욕망도 자연스럽게 결론을 향해 흘러가고 있어요. 삶이 욕망을 만들어내면 당신의 일은 끝난 거예요. 자연의 힘과 법칙이 나머지를 해요.

이 자연적 흐름을 설명하기 위해 우리가 찾은 가장 좋은 비유

감정이 알려주는 것들

가 강이에요. 크든, 작든 당신의 모든 요청이 이 강의 흐름에 더해
져요. 요청한 모든 것은 흐름을 따라가는 쪽에 있어요. 거기서 쉽
게 찾고 경험하고 살 수 있어요.

8장.
그냥 노를 놓아라

우리는 강 위 카누의 비유를 좋아해요. 그리고 무엇보다 쉽고, 가장 중요한 참자아와의 일치를 보여주거나 훈련해 갈 수 있는 예시거든요. 모두의 삶에서 물살을 거슬러 노를 젓는 것이 얼마나 무익한지를 잘 보여주기 때문이에요.

당신이 근원 에너지라는 것, 근원에서 이 몸으로 왔다는 것, 이 몸 안에서 최전선에 서서 끊임없이 원하는 것을 만들어내고 있다는 것을 기억할 때 삶의 진짜 흐름을 이해해요. 참자아는 즉시 그것을 만들어서 보내고 있고 당신은 받기만 하면 돼요. 일치시켜서 받기만 하면 돼요. 지금 그걸 잘 받고 있는지, 아닌지를 알려주는 것이 바로 감정이에요. 기분 좋은 느낌. 그러면 물살을 거슬러 노를 젓는 것이 얼마나 무익한지도 이해하게 돼요.

이 중요한 생각을 깊이 곱씹고 당신이라는 존재의 토대로 삼는다면 이 몸으로 나왔을 때 의도한 것을 계속할 수 있어요. 살러 온 기쁜 삶을 살 수 있어요.

태어나기 전 참자아의 관점에서 이 몸으로 나온다는 생각을 세웠어요. 당신이라는 아이디어를 낳았어요. 끌어당김의 법칙이 그 아이디어에 반응해서 당신을 나타나게 했어요.

이제 이 몸 안에서 삶의 확장된 아이디어를 낳아요. 끌어당김의 법칙이 그 아이디어에 반응해서 나타나게 해요. 이제 존재하는 관점에서 또 다른 생각이 주어져요. 끌어당김의 법칙이 그 생각에 반응하고 추진력이 만들어져요.

그 추진력이 바로 삶의 흐름이에요. 생각에 대한 끌어당김의 법칙의 반응이 만들어낸 흐름이에요.

존재의 영원한 본질을 받아들이면 끝없는 확장이라는 생각은 자연스럽게 따라와요. 영원히 확장하는 존재라는 걸 받아들이면 새로운 아이디어가 끊임없이 태어나는 이 다양한 물질적 환경에서 사는 것은 완벽하게 이치에 맞아요.

물질적으로 여기에 초점을 맞추고 있는 동시에 영원한 존재라는 걸 이해하면 창조의 과정을 훨씬 더 명확하게 보기 시작해요.

참자아가 항상 당신의 삶이 낳은 확장된 아이디어에 반응한다는 걸 기억하면 이 흐름의 추진력을 느끼기 시작해요.

끌어당김의 법칙이 세계를 창조한 것과 같은 에너지로 당신의 가장 먼 아이디어에 반응하고 있다는 걸 이해하면 이 흐름의 추진력을 더 깊이 느끼게 돼요.

우주의 법칙과 그 안에서 당신의 위치를 넓게 보는 우리는 분명히 말할 수 있어요. 원하는 모든 것은 이 흐름을 따라가는 쪽에 있어요. 당신의 진정한 유산인 온전한 행복 속으로 편안히 이완할 때 태어나기 전에 의도했던 방식으로 삶을 살기 시작해요.

그냥 노를 놓아라

대부분의 사람은 자기가 있는 곳에서 가고 싶은 곳까지의 거리를 계속 계산하려고 해요.

"얼마나 더 가야 하지? 얼마나 더 해야 하지?", "얼마나 더 살을 빼야 하지?", "얼마나 더 돈이 필요하지?"

몸을 가진 존재인 당신은 뭔가를 해야 한다는 쪽으로 기울기 때문이에요. 하지만 이것을 이해하세요. 행동보다는 진동의 관점에서, 시간과 공간과 거리보다는 생각의 관점에서 세상에 접근하기 시작할 때 지금 있는 곳과 가고 싶은 곳 사이의 간격을 좁히는 능력은 훨씬 효율적이 돼요.

때때로 카누의 비유를 이야기할 때조차 당신은 행동 지향적인 경향을 적용하고 싶어 해요. 원하는 것이 흐름을 따라가는 쪽에 있다는 걸 받아들이고 올바른 방향으로 향한 다음 서둘러 가고 싶어 해요.

"어떻게 하면 더 빨리 갈 수 있지? 더 잘 집중할게. 더 열심히 노력할게. 더 오래 일할게."

하지만 그 결연한 태도가 당신을 다시 역류로 돌려요. 흐름을 따라가기 시작했으면 더 빨리 가려고 배에 모터를 달 필요가 없어요. 흐름이 당신을 데려갈 거예요. 그냥 노를 놓으세요.

물살을 거슬러 노를 젓지 않을 때, 노를 놓고 자연스러운 행복 속으로 이완할 때 흐름이 당신을 욕망을 향해 데려갈 거예요. 극복해야 할 무언가가 있다는 믿음은 자동으로 역류를 향하게 해요. 원하는 모든 것을 쉽게 얻을 수 있다는 이해는 자동으로 하류를 향하게 해요. 일단 그걸 이해하면 자연스러운 행복이 당신에게 흐르고 당신이 그쪽으로 흘러가도록 내맡기는 것을 실천하게 돼요. 그것이 바로 삶이 이끄는 방향을 따라가는 기술이에요.

끌어당김의 법칙은 연습이 필요 없다

의도적으로 삶을 이끌고 싶다면 이해할 가치가 있는 세 가지 강력한 우주 법칙이 있어요. 허용의 법칙은 그중 마지막이에요.

첫 번째부터 순서대로 이야기하는 것이 논리적으로 보이겠지만 우리는 이 세 번째 법칙을 강조하고 있어요. 이것이 정말로 당신이 이 시간과 공간에 마스터하려고 온 법칙이기 때문이에요. 의도적 창조자가 되려면 반드시 실천해야 하는 법칙이에요.

첫 번째 법칙인 끌어당김의 법칙은 연습해야 하는 것이 아니에요. 연습할 수 있는 것도 아니에요. 우주의 모든 입자에 존재하는 법칙이에요. 그냥 존재해요.

지구의 중력 법칙이 연습을 필요로 하지 않고 모든 물질에 일관되게 반응하는 것처럼 끌어당김의 법칙도 연습을 필요로 하지 않아요. 위로 떨어지는 것을 피하는 방법을 가르치는 '중력 강사'는 없어요. 아래로 떨어지는 대신 위로 떨어지는 것은 선택지가 아니니까요.

마찬가지로 끌어당김의 법칙이 일관되게 반응하도록 연습할 필요가 없어요. 이 법칙은 당신의 진동과 일치하는 것들을 가져다줄 거예요. 당신이 이 법칙을 모르고 있을 때조차도요.

세 가지 강력한 우주 법칙 중 두 번째는 의도적 창조의 법칙이에요. 원하는 결과를 향해 의도적으로 주의와 생각을 향하게 함으로써 당신은 선택하는 무엇이든 되거나, 하거나, 가질 수 있어요. 이 법칙의 적용이 당신이 살고 있는 이 행성과 당신이 볼 수 있는 모든 것의 현현을 가져왔어요. 참자아가 이 법칙을 적용하여 강력

감정이 알려주는 것들

한 초점을 통해 지구라는 환경을 창조한 것과 같은 방식으로 당신은 물질적 몸 안에서 창조의 과정을 계속하고 있어요.

내맡김의 법칙을 살기

처음 두 법칙이 극도로 중요하고 그것에 대한 인식이 큰 가치가 있지만 이 세 번째 법칙인 내맡김의 법칙에 대한 이해와 적용이 당신의 모든 개인적 힘이 있는 곳이에요.

끌어당김의 법칙은 말해요. 비슷한 것끼리 끌어당겨진다. 그것이 의미하는 바는 이거예요. 최근 경험에서 감사받지 못한다고 느낀다면 끌어당김의 법칙은 나를 감사하는 사람으로 둘러쌀 수 없어요. 끌어당김의 법칙에 어긋나요.

내 몸이 뚱뚱하고 보기 싫다고 느끼면서 기분 좋고 보기 좋은 몸을 만들 수는 없어요. 끌어당김의 법칙에 어긋나요.

재정 상황에 대해 낙담한다면 개선될 수 없어요. 낙담 속에서의 개선은 끌어당김의 법칙에 어긋나요.

예를 들어 날씬한 몸을 원한다고 해봐요. 그 욕망을 쏘아 올린 순간 참자아는 이미 그것을 만들기 시작했어요. 이미 나에게 그 결과가 오고 있어요. 그런데 거울을 보면서 '나는 뚱뚱해, 보기 싫어'라고 느끼면 참자아가 만들고 있는 것과 정반대 방향을 보고 있는 거예요. 그 상태에서는 어떤 다이어트를 해도, 어떤 운동을 해도, 날씬한 몸으로 가는 길이 열리지 않아요. 뚱뚱하다는 느낌이 뚱뚱한 현실을 계속 끌어당기기 때문이에요. 끌어당김의 법칙에 어긋나요. 참자아는 이미 날씬한 몸 쪽에 서 있는데 당신은 뚱뚱한 몸 쪽을 바라보고 있으니까요. 해야 할 일은 이거예요. 참자아가 이미 만들었고 이미 오고 있다는 걸 알고 그 기쁜 마음으로 있는 거예요. 그 마음이 참자아와 맞는 거예요. 그때 흐름이 당신을 데려가요. 이건 완전한 이해 안에서 얻은 믿음 없이는 가질 수 없는 우주의 법칙, 즉 진리에요.

사람들이 나를 이용하고, 거짓말하고, 무시하고, 심지어 내 재산까지 훼손해서 화가 난다고 해봐요. 그 사람들을 고소하든, 따지든, 피하든, 어떤 행동을 해도 그런 불쾌한 일은 멈추지 않아요. 왜냐하면 화가 난 상태에서는 화나는 일을 계속 끌어당기기 때문이에요. 사람을 바꿔도, 상황을 바꿔도 비슷한 일이 또 일어나요. 끌어당김의 법칙이 당신의 진동에 맞는 것을 가져다주기 때문이에요.

끌어당김의 법칙은 단순하고 정확해요. 지금 당신에게 일어나는 일은 무엇이든 지금 당신의 진동과 완벽하게 맞는 거예요. 그리고 당신 안에 있는 감정이 바로 그 진동 상태를 보여줘요. 기분이 좋으면 좋은 것이 오고 있고, 기분이 나쁘면 나쁜 것이 오고 있

감정이 알려주는 것들

어요. 그만큼 단순해요. 그리고 오고 있는 그것은 다른 누가 만든 게 아니에요. 당신의 생각이 만든 거예요. 좋은 것도, 나쁜 것도 모두 당신이 보내고 당신이 받는 거예요. 그래서 감정이 그렇게 중요해요. 지금 내가 무엇을 만들고 있는지를 실시간으로 알려주는 신호니까요.

끌어당김의 법칙을 알게 되면 많은 사람이 자기 생각을 더 잘 통제하기로 결심해요. 집중된 생각의 힘을 이해하게 되었기 때문이에요. 최면술이나 무의식적 생각을 통제하려는 시도에서부터 명상, 긍정적 확언, 강력한 마음 통제 방법까지 다양한 방법을 시도해요.

하지만 훨씬 더 쉬운 방법이 있어요. 내맡김의 기술에 대한 이해와 적용이에요. 원하는 것의 방향으로 생각을 의식적으로 부드럽게 안내하는 거예요. 이 삶의 흐름을 이해하게 돼요. 진짜 누구인지의 더 큰 그림이 보이기 시작해요. 그리고 가장 중요한 걸 알게 돼요. 당신의 진정한 일은 단순히 참자아와 다시 맞추는 거라는 걸요. 그 확신이 생길 때 내맡김의 기술은 제2의 천성이 돼요.

행복의 흐름을 따라가라

우리는 이 책 전체를 당신의 자연스러운 행복의 흐름을 따라가도록 돕는 데 바칠 거예요. 당신이 처할 수 있는 거의 모든 상황의 본질을 이야기하고 돌아서서 자연스러운 흐름을 따라가게 할 안내와 제안을 제공할 거예요. 당신이 태어날 때 가지고 있던 놀라운 감각적 인식을 의식적으로 재발견하도록 도울 거예요. 진정한 길의 방향을 결정하는 데 도움이 되는 그 인식을요. 이 책을 읽고 감정의 놀라운 힘에 대한 의식적 인식으로 돌아올 때 당신은 참자아의 관점에서 행복을 내맡기는 자가 될 거예요. 그것이 우리의 기대예요.

사람들이 상황을 통제하고 균형을 얻는 것을 막는 가장 흔한 오해는 지금 당장 또는 가능한 한 빨리 가고 싶은 곳에 가야 한다는 믿음이에요. 질문에 대한 답을 빨리 찾거나 문제를 빨리 해결하려는 욕구는 이해하지만 그 충동은 당신에게 불리하게 작용해요. 다른 어딘가에 있어야 한다는 긴박함을 느낄 때 당신은 지금 있는 곳을 세게 밀어내고 있어요. 흐름을 거슬러 가는 거예요. 하지만 더 중요한 결함은 이거예요. 개선된 곳으로 서둘러야 한다는 믿음 속에서 당신은 흐름의 힘, 속도, 방향, 약속을 무시하고 있어요. 그것들을 잊으면 참자아와 반대 방향을 향하게 돼요.

이제 다시 카누의 비유를 떠올려 보세요. 흐름을 거슬러 열심히 노를 젓고 있다가 갑자기 노를 놓고 흐름에 몸을 맡긴다고 상상해 보세요. 그 안도감을 잠시 느껴보세요. 이 흐름이 자비롭고 지혜로우며 실제로 당신을 원하는 것들을 향해 데려가고 있다는 것을 기억하세요. 마음의 눈으로 카누에 누워서 자연스럽게 흘러가는 것을 느끼고 이 흐름이 당신을 행복과 욕망의 충족으로 운반할 거라는 생각 속으로 편안히 이완하세요.

당신은 흐름에 힘을 더하고 있다

책의 다음 페이지들은 당신이 원했던 모든 것과 빠르게 일치하도록 도울 잠재력을 갖고 있어요. 하지만 먼저 흐름의 비유를 충분히 받아들이는 시간이 필요해요.

태어나기 전에 참자아가 세운 의도가 흐름에 힘을 더하고 있다는 것을 받아들일 수 있다면…… 이 몸으로 살면서 삶이 더 많은 것을 원하게 하고 그 원함이 또한 흐름에 힘을 더하고 있다는 것을…… 매 순간 쏘아 보내는 욕망의 로켓들이 또한 흐름에 힘을 더하고 있다는 것을……

무엇보다도 참자아가 그 모든 것과 이미 일치하여 서 있고 끌어당김의 법칙이 그곳을 향해 당신을 끌어당기고 있다는 것을 받아들일 수 있다면…… 이제 당신은 이 흐름의 힘을 이해하는 거예요.

더 읽기 전에 잠시 멈추고 이 흐름을 느껴보세요. 당신이 되어 가는 방향으로 끝없이 움직이며 당신의 충족을 향해 흘러가는 이 멋지고 강력한 행복의 흐름을요.

이제 당신은 흐름을 따라가는지, 거슬러 가는지의 비유를 삶의 모든 측면에 적용할 준비가 되었어요. 생각 하나하나 흐름을 따라가고 있는지, 거슬러 가고 있는지 알아차릴 준비가 되었기를 바라요. 참자아와의 간극을 좁히고 있는지, 부자연스럽게 벌어지도록 자신을 붙들고 있는지를요.

이 내맡김의 기술 워크숍은 2006년 11월 1일 수요일, 플로리다 탬파에서 녹음되었습니다.

이 라이브 세션은 이 책의 CD에 포함되어 있어 들으실 수 있습니다. 이 페이지에서는 명확성을 위해 약간 편집되었습니다.

추가 테이프, CD, 책, 비디오, 카탈로그, DVD를 위해, 또는 에이브러햄-힉스 내맡김의 기술 워크숍 자리를 예약하시려면 (830) 755-2299로 전화하시거나 Abraham-Hicks Publications, P.O. Box 690070, San Antonio, Texas 78269로 편지를 보내 주세요. 또한 우리의 작업에 대한 즉각적인 개요를 위해 www.abraham-hicks.com 을 방문해 주세요.

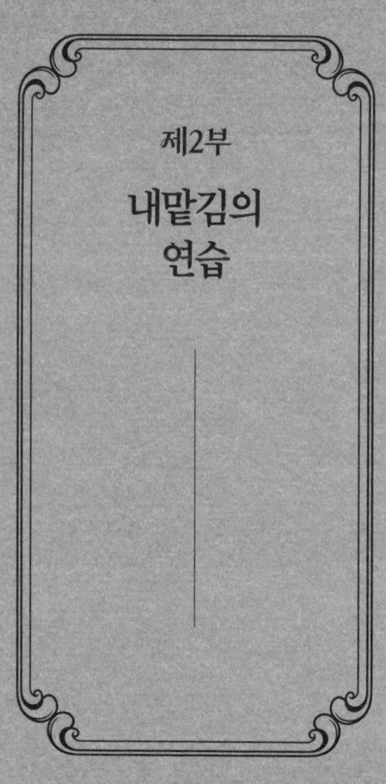
제2부

내맡김의
연습

왜 대조가 있는 세상에 태어났을까

좋은 아침이에요. 당신이 여기 있어서 정말 기뻐요. 함께 모여서 같이 만들어가는 건 멋진 일이에요. 그렇죠?

정말 최고의 공동창조예요. 지금 이 몸으로 여기에 있다는 게 신나지 않나요? 원하는 게 점점 커지는 걸 느끼고 있나요? 이 세상의 다양한 경험이 당신한테 도움이 된다는 걸 알아차리고 있나요? 그 경험이 새로운 욕망을 불러일으키니까 고맙게 느끼고 있나요?

우리는 항상 여기서 살짝 찔러봐요. 이 세상에 사는 친구들이 좋은 것과 싫은 것이 섞여 있는 현실을 그렇게 반기지 않는 경우가 많거든요. 많은 사람이 자기가 순수하고 긍정적인 에너지의 자리에서 왔다는 걸 깨달으면 이렇게 말해요.

"도대체 왜 싫은 게 이렇게 많은 곳에 자신을 던진 거예요? 무슨 생각이었던 거예요?"

주변을 둘러보다 좋아하는 걸 찾으면 "네, 저건 좋아요"라고 해요. 그런데 싫은 게 보이면 "아, 저건 싫어요" 하면서 밀어내고 반대하고 저항해요. 그러면서 다른 환경을 갈망해요. '좋은 관계를 만나게 해줘, 좋은 직업을 찾게 해줘, 좋은 일만 일어나는 곳을 찾게 해줘. 좋은 것만 있으면 훨씬 기분이 좋으니까.'

우리는 이렇게 말해요. 초점을 맞출 수 없다면 그 걱정을 이해해요. 하지만 당신은 보고 싶은 것을 골라서 볼 수 있는 존재예요. 그러니 넓게 보면 고를 게 없는 뷔페보다 고를 게 있는 뷔페를 훨씬 더 원한다는 걸 알아요. 그러면 이렇게 말하죠.

"에이브러햄, 오해하고 있어요. 먹고 싶은 것만 있는 뷔페면 뭐가 문제예요?"

우리는 말해요. 그러면 먹는 것에서 아무런 발전도 없을 거예요. 원하는 것과 원하지 않는 것을 비교할 수 없으면 새로운 결론에 이를 수 없고 그건 우주의 확장이 멈춘다는 뜻이에요. (걱정하지 마세요. 절대 일어나지 않을 일이니까요.) 당신은 지혜롭게, 의도적으로 엄청난 대조가 있는 환경에 태어났어요. 더 넓은 비물질의 관점에서 그 가치를 알았기 때문에 간절히 원했어요. 그래서 이 세상의 친구들이 초점을 맞출 수 있다는 걸 잊었을 때, 생각을 어디로 가져가야 할지 모를 때, 생각할 게 너무 많고 사방에서 쏟아지는 게 너무 많을 때 그 모든 걸 정리하려는 게 얼마나 혼란스러운지 이해해요. 미칠 것 같겠죠. 하지만 자기가 누구인지, 어디서 왔는지 기억하면 진짜 나의 방향으로 초점을 맞추는 게 아주 쉬워질 뿐 아니라 더 넓은 관점에서 보면 다른 방향이 될 수가 없어요. 계속 확장하는 건 존재의 영원하고 피할 수 없는 본성이에요. 그렇게 될 거고 이미 그렇게 되고 있어요. 사실 그 확장은 너무 확실해서 멈출 수가 없어요.

근원은 이미 당신이 요청한 것이 되었다

그래서 큰 그림을 아주 간단히 말씀드릴게요. 이 몸으로 오기 전에 근원 에너지였고 이 몸에 있는 지금도 여전히 근원 에너지라는 걸 이해하도록 돕고 싶어요. 대부분의 사람은 이걸 의식적으로 인정하지 않아요. '이 삶 전에 뭔가가 있었으면 좋겠다, 이 삶 후에도 뭔가가 있으면 좋겠다' 정도로 생각해요. 하지만 비물질적으로 그리고 물질적으로 동시에 초점이 맞춰져 있고 그 두 관점 모두 항상 당신 안에서 활성화된 진동이라는 걸 이해하는 사람은 거의 없어요. 죽어 있거나 살아 있는 게 아니에요.

사실 결코 죽지 않아요. 항상 살아 있어요. 비물질에서 나와서 이 몸에 초점을 맞춰요. 여러 주제에 주의를 기울이면서 당신 안에서 진동 주파수를 활성화해요. 지금 주의를 기울이고 있는 것에 의해 활성화되는 진동 주파수는 당신 안의 근원의 관점에서 진동 적 피드백을 받고 있어요.

감정은 진짜 나와의 거리다

예를 들어 거울 속 자신을 보면서 싫고 못나고 부족하다고 느 낄 때, 그 부정적 감정이 생기는 이유는 지금 자신을 보는 눈이 근 원이 당신을 보는 눈과 너무 다르기 때문이에요. 반대로 거울을 보면서 자랑스럽거나 뭔가에 대한 열망이 느껴지거나 자신이 좋 을 때 그 느낌이 그렇게 좋은 이유는 항상 당신을 사랑하는 근원 과 같은 파장에 있기 때문이에요. 다른 누군가를 볼 때도 마찬가 지예요. 부정적 감정을 느낄 때마다 그걸 뭐라고 부르든, 얼마나 강하든, 약하든 한 가지를 뜻해요. 이 몸에 있는 당신이 근원의 관 점에서 벗어났다는 거예요.

이걸 이해하면 정말 대단한 거예요. 이것과 의식적으로 연결 되면 진정한 의미에서, 실시간으로, 순간순간 자기 안내 시스템 을 작동시킨 거니까요. 그 더 넓은 관점과의 관계에서 지금 어디 에 있는지 항상 알 수 있고 그건 엄청난 가치가 있어요. 그 더 넓은 관점은 당신이 되어온 모든 것의 정점이에요. 가장 진화한 형태의 영원한 당신이에요.

큰 그림으로 돌아갈게요. 당신은 근원 에너지이고 주의의 일부를 이 몸에 보내요. 그렇게 해서 이 몸으로 삶을 경험하고 있어요. 원하지 않는 걸 알고, 원하는 걸 알면서 매일 하루 종일 말로 하든, 안 하든 원하는 것을 계속 쏘아 올리고 있어요. 다시 말해서 누군가가 당신에게 무례하면 더 친절하기를 바라고, 당신이 누군가에게 무례하면 자신이 더 친절했으면 해요. 기분이 안 좋으면 나아지길 원하고, 아프면 건강해지길 원해요. 원하는 게 충분하지 않으면 갖고 싶어 해요. 삶이 끊임없이 새로운 결론을 낳게 하고 단세포 유기체든, 누구든 모두 그렇게 하고 있어요. 모든 존재의 확장은 그 경험의 결과예요.

하지만 여기서 대부분의 사람이 어려워하는 부분이 있어요. 당신은 근원 에너지이고 이 몸으로 나왔어요. 여기서 새로운 아이디어를 만들어내요. 이 부분을 정말 잘 들어주세요. 당신의 근원 에너지가, 말 그대로 당신이 쏘아 올린 욕망을 타고 당신이 요청한 바로 그것이 돼요. 이게 그렇게 와닿지 않을 수 있어요. 아직 눈에 보이는 세계를 보고 있으니까요. 지금 보이는 것들은 한때 생각이었고 생각의 형태를 거쳐서 눈에 보이는 현실이 된 거예요. 그래서 참자아가 당신이 요청하는 것이 즉시 된다고 말해도 별로 흥분이 안 될 수 있어요. 하지만 우리가 당신 자리에 있다면 흥분할 거예요. 그게 모든 창조가 시작되는 순간이니까요.

이건 너무 중요한 부분이라서 책을 쓰고 최고의 제목을 붙였어요. 《요청하면 주어진다》. 이 제목이 좋은 이유는 이 한마디가 전부를 말해주기 때문이에요. 더 긴 제목을 원했지만 출판사가 안 된다고 했어요. 이런 제목이었어요. 《나는 비물질적 에너지이고 그 의식의 일부를 이 몸으로 보냈다. 이 몸으로 살면서 삶의 경험이 끊임없이 장단점을 저울질하게 하고 끊임없이 욕망을 쏘아 올리게 한다. 그러면 비물질적인 나는 요청한 것에 대답할 뿐 아니라 요청한 것을 주고 말 그대로 요청한 것이 된다.》 너무 길다고 했지만 《요청하면 주어진다》가 같은 말이에요.

삶이 요청하게 하면 근원은 줄 뿐 아니라 그것이 돼요. 이걸 들었다면 당신 안의 안내의 열쇠를 방금 찾은 거예요. 이 두 진동 지점이 근원과 같은 파장인지 아닌지를 항상 알 수 있게 해주니까요. 방금 한 말을 기억하면 이게 특히 중요해요. 삶이 이걸 더 원하게 했고 더 나아지길 원하게 했어요. 이 몸으로 오기 전에도, 그리고 온 이후로 더 강하게 삶의 경험을 통해 이 그림을 조금씩 만

감정이 알려주는 것들

들어왔어요. 그래서 이미 존재하는 강력한 최첨단의 당신을 창조한 거예요. 근원은 거기 서서 그것이 되고 그것을 내보내고 있어요. 끌어당김의 법칙이 그 진동 상태에 반응하고 있고요. 이해되나요?

끌어당김의 법칙이 확장된 당신을 불러들이고 있어요. 생명력이에요! 영감이에요! 삶의 흐름이에요! 근원의 부름이에요! 왜 그쪽으로 끌리는지, 왜 영감을 느끼는지 감이 오나요? 살면서 말 그대로 확장하고 더 큰 존재가 되었기 때문이에요. 그 확장된 당신이 되는 건 이제 피할 수 없는 거예요. 많은 사람은 그것이 되기 전에 죽어요. '죽다'라는 말이 좋아요. 우리는 '죽음'이라는 개념을 가능한 한 가볍게 다루려고 해요. 없는 거니까요. 살다 보면 경험을 통해 끊임없이 원하는 것을 쏘아 올려요. 그때마다 근원은 이미 그 확장된 버전이 돼요. 그런데 이 몸에 있는 나는 눈앞의 현실만 봐요. '돈이 없어, 관계가 안 돼, 나는 부족해.' 근원은 이미 확장된 곳에 가 있는데 나는 제자리에 있으니까 둘 사이에 간격이 생겨요. 그 간격이 바로 부정적 감정이에요. 간격이 클수록 더 끔찍하게 느껴지고요.

죽으면 이 몸의 저항, '나는 안 돼, 이건 불가능해' 같은 생각의 습관을 한꺼번에 놓게 돼요. 저항이 사라지니까 간격이 바로 닫히고 근원인 나와 즉시 하나가 돼요. 하지만 죽어서야 그 간격을 닫을 필요는 없어요. 살아 있는 동안 생각의 습관을 놓으면서 그 간격을 닫을 수 있어요. 그게 바로 '내맡김의 기술'이고 '살아서 죽는 거'예요. 그래서 이 모임을 '내맡김의 기술'이라고 불러요. 그 간격을 닫는 기술이에요. 이 몸으로 살면서 삶이 되게 한 나를 내맡기는 기술.

저항을 놓고 세상을 창조하는 에너지가 나를 통해 흐르게 하는 기술. 태어나기 전의 나뿐 아니라 그 이후로 된 나와 맞춰지는 기술. 끊임없이 되어가고 있는 순수하고 긍정적인 에너지 존재와 맞춰지는 기술. 이해되나요? 그래서 충족되지 않는 느낌이 들 때, 충분하지 않다고 느끼거나 불만족스러울 때 그건 당신이 당신을 따라가지 못하고 있다는 뜻이에요. 이제 당신이 누구인지에 대한 이야기를 들었어요. 삶의 순환이 비물질에서 이 몸으로 오고 새로운 생각을 낳으면서 비물질의 당신이 그것이 되는 과정이라는 걸 더 충분히 느끼길 바라요.

끌어당김의 법칙이 핵심에 있는 이 삶의 순환을 이해하기 시작하면 존재의 영원한 본성을 이해하기 시작해요. 우리 모두 영원한 존재이고 당신은 최첨단에서 새로운 확장을 만들어내고 있어요. 근원은 즉시 그것이 되고요. 얼마나 멋진 일이에요. 우리가 보기에는 정말 웅장해요. 당신도 그것을 따라가도록 자신을 내맡기면 웅장하다고 느낄 거예요. 하지만 삶이 되게 한 것을 어떤 이유에서든 내맡기지 않으면 꽤 괴로워요.

당신의 강은 통제할 수 없다

카누를 강가로 가져가서 아주 빠르게 흐르는 강에 띄운다고 상상해 보세요. 안에 노가 있어요. 의도적으로 카누를 역류 쪽으로 돌려서 물살을 거슬러 열심히 노를 젓기 시작해요. 우리는 말해요. 왜 돌아서 물살과 함께 가지 않나요? 왜 돌아서 흐름과 함께 가지 않나요? 대부분의 사람은 이렇게 말해요.

"솔직히 흐름에 맡긴다는 생각은 해본 적 없어요. 뭔가를 이루고 싶은 사람은 다들 저보다 더 열심히 노를 젓고 있거든요. 노를 놓으면 그냥 게으른 거 아니에요? 보세요, 준비는 다 됐어요." 당신은 말해요.

"좋은 배에 좋은 노도 있어요. 노 잡는 데 굳은살이 박였고 근육도 생겼어요. 무엇보다 결단력이 있어요. 어머니한테 배웠거든요. 어머니는 또 그 어머니한테 배웠고요. 우리 집안은 다 그래요. 더 열심히 저어요."

우리는 말해요. 그걸 얼마나 오래 계속할 수 있나요? 당신은 말해요. "죽을 때까지요. 얼마나 오래인지는 모르지만 에이브러햄, 상이란 상은 다 열심히 노력한 사람한테 가잖아요. 저도 그런 거 좀 받고 싶어요."

게다가 죽은 후에도 열심히 노력한 사람한테 더 큰 보상이 있다고 들었다면서요. 그래서 물살을 거슬러 노를 젓는 게 맞다고 열심히 설득하려 하고 우리는 항상 사랑스럽게 들어요. 당신의 관점을 이해하니까요. 하지만 결국 멈추고 온 마음을 다해 말해야 해요. 원하는 것 중 어떤 것도 역류 쪽에 없어요. 단 하나도요.

어떻게 아느냐고요? 우리는 이 순환을 알아요. 태어나기 전에 누구였는지 알아요. 삶이 욕망을 쏘아 올리게 하면서 무엇을 했는지 알아요. 당신 안의 근원이 요청한 것이 되었다는 걸 알아요. 끌어당김의 법칙이 그 강력하게 뛰고 있는 진동에 반응하고 있다는 것도 알아요. 그리고 그것이 바로 이 물살을 만들어내고 있다는 걸 알아요. 얼마 전 한 여성이 아이들과 점심을 먹고 세미나에 돌아왔어요. 우리가 첫 번째로 부른 사람이었는데 이렇게 말했어요.

"아이가 물어보라고 했어요. '왜 어른들은 그렇게 불평이 많아요?'"

우리는 말했어요. 더 오래 살수록 투덜거리고 걱정할 거리를 더 많이 찾거든요. 더 오래 살수록 원하지 않는 것을 더 많이 찾고 안 된다고 소리치는 게 더 많아져요. 안 된다고 소리치는 게 많아질수록 물살을 더 세게 거슬러요. 제리와 에스더는 몇 주 전 콜로라도의 멋진 강에서 래프팅을 했어요. 급류 4등급, 정말 거세게 흐르는 강이었어요. 보트를 실은 버스로 협곡을 올라가면서 강을 보고 서로 한 번 이상 말했어요. "우리 미쳤나 봐."

물이 큰 바위 위로, 다리 주변으로 높이 솟구치고 있었어요. 친구들과 여섯 명이 같이 갔는데 같은 래프팅 회사의 다른 뗏목은 전부 고등학교 레슬링 팀이었어요. 이 여행에 초대한 친구의 딸이 그날 아침 출발하면서 말했대요.

"다들 몇 살인지 아는 거예요?"

보트를 물에 넣는 순간 거슬러 올라가겠다는 생각 자체가 불가능하다는 게 바로 느껴졌어요. 그 강이 사람을 가지고 놀 거라는 걸 눈으로 볼 수 있었으니까요. 뗏목 가이드가 말했어요. "여기는 디즈니랜드가 아니에요. 이 강은 통제할 수 없어요." 강의 힘을 아는 사람이었어요. 큰 바위 더미를 가리키면서 말했어요.

"뗏목이 저기 끼이면 큰일이에요. 강이 가만 안 둬요."

그러고는 서명한 면책 동의서 5페이지 3단락을 보라고 했는데

뗏목이 끼였거나 잘 못 됐을 때 살아 돌아올 가능성이 거의 없다
는 내용이었어요. (웃음)

에스더는 읽기를 거부했어요. 첫 단락만 보고 말했어요.

"됐어요, 믿을게요."

이 이야기를 하는 이유는 당신의 강도 바로 이렇다는 걸 알아
주길 바라서예요. 통제할 수 없어요. 당신의 강은 이 몸으로 나오
기 전부터 흐르고 있었고 더 오래 살수록 더 빨리 흘러요. 경험을
할 때마다 뭔가를 더 요청하니까요. 뭔가를 더 요청할 때마다 근
원이 그것이 돼요. 근원이 그것이 될 때마다 끌어당김의 법칙이
반응해요. 끌어당김의 법칙이 되어가고 있는 당신에게 반응할 때
마다 흐름은 더 빨라져요.

4살이든, 10살이든, 20살 때 갖게 된 부정적인 생각이 있을 수
있어요. 뭔가에 대한 같은 부정적인 태도가 전혀 변하지 않을 수
있어요. 하지만 10년, 20년, 30년, 50년이 지나면 전혀 변하지 않은
그 태도가 훨씬 더 큰 대가를 치르게 해요. 흐름이 더 빨라졌으니
까요. 끌어당김의 법칙은 가만히 있게 두지 않아요. 계속 변하고
있어요. 원하지 않는 것만 계속 봐왔다면 그 진동은 요청이 점점
강해지는 동시에 함께 강해지고 있어요. 그래서 흐름은 더 빨라지

는데 그 흐름과 함께 가기를 거부하고 있어요. 그게 부정적 감정이에요. 그게 불편함이에요.

아픈 아이들조차 삶이 가질 수 없다고 믿는 뭔가를 원하게 해서 질병을 경험해요. 무력하고 통제할 수 없다고 느끼면서 뭔가가 정말 중요한데 원하는 걸 얻을 수 없다는 믿음이 있으면 불가능한 자리에 자신을 놓는 거예요. 에너지적으로 당신 안에서 줄다리기가 일어나고 있고 그건 당신을 돕지 않아요.

좋은 소식이 있어요. 어디에 있든 상관없어요. 어느 지점에서든 돌아서 흐름과 함께 갈 수 있어요. 사실 돌아서 흐름 쪽으로 노를 저을 필요도 없어요. 그냥 노를 놓으세요. 흐름이 당신을 돌려줄 거예요.

때때로 우리가 감사와 사랑과 기쁨과 열정 같은 기분 좋은 감정들을 이야기하는 걸 듣고는 어떤 상황에서든, 어떤 대가를 치르더라도 보트를 돌려서 모터를 달고 가능한 한 빨리 기분 좋은 쪽으로 내려가야 한다고 생각해요. 우리도 점점 더 기분 좋은 쪽으로 내려가길 바라지만 흐름의 힘을 알기 때문에 급할 게 없어요. 역류 쪽으로 향하게 하는 그것만 멈추면 물살이 당신을 돌려서 데려갈 거라는 걸 아니까요.

또한 선택권이 없다는 것도 알아요. 뭔가가 일어났어요. 사랑하는 사람에게든, 자기 삶에서든 뭔가가 일어나고 있어요. 뭔가를 원하는데 어떻게 얻는지 모르겠고 우울하거나, 격분하거나, 화가 나거나, 두렵거나. 뭐라고 부르든 상관없어요. 부정적 감정 상태에서 갑자기 보트를 돌려서 기분 좋은 쪽으로 바로 내려갈 수는 없어요. 그럴 수 없고 그럴 필요도 없어요. 해야 할 건 역류로 노 젓는 걸 멈추는 거예요. 그러면 흐름이 데려가요. 그래서 가장 찾고 싶은 감정에 대해 아주 예민하게 알아차리길 바라요. 우리는 감정을 여러 이름으로 불러요. 절망, 슬픔, 두려움에서 복수, 격분, 분노로, 좌절과 압도에서 비관으로, 희망으로, 낙관으로, 믿음으로, 앎으로, 사랑으로, 기쁨으로. 감정에 붙일 수 있는 단어는 많지만 정말 중요한 단어는 하나예요. 어디에서 보트를 띄우든 매일 찾길 바라는 감정이에요. 바로 안도감.

절망이나 두려움을 느낄 때, 둘은 너무 비슷하게 느껴져요. 절망 속에서 조금이라도 덜 끔찍한 감정을 찾다 보면 복수심이 올라올 수 있어요. 이상하게 들리겠지만 절망에 비하면 복수심은 안도감이에요. 물론 주변 사람은 이걸 반기지 않아요. 특히 같이 사는 사람은요. 축 처져 있을 때가 더 나았대요. 조용했으니까요. (웃음)

하지만 두렵거나 절망에 빠진 적이 있고 거기서 '두고 봐' 하는 마음이 가져다준 숨통 트이는 느낌을 알아본 적이 있다면 안도감이 뭔지 알 거예요. '두고 봐' 하는 자리에 머무르라는 게 아니에요. 흐름은 멈추지 않아요. 그래서

'두고 봐' 하는 자리도 거기 계속 있으면 곧 역류가 돼요. 흥미롭죠?

핵심은 이거예요. 절망에 빠져 있다가 그 생각을 놓으면 흐름이 자연스럽게 돌려줘요. 그게 안도감이에요. 그런데 거기서 멈추고 다시 뒤를 돌아보면 또 역류가 돼요. 그러면 흐름이 또 돌아서라고 해요. 그래서 한 단계씩 올라가는 거예요. '두고 봐'에서 돌아서면 안도감. 분노에서 돌아서면 안도감. 좌절에서 돌아서면 안도감. 희망에서 돌아서면 또 안도감. 매번 돌아설 때마다 안도감을 느끼는 거예요. 감이 오나요?

그러니 단번에 하류로 가겠다는 걸 목표로 삼지 마세요. 이루고 싶은 게 있는데 어떻게 하는지 모르면서 억지로 하류로 가려고 노를 잡으면 결국 역류로 가게 돼요. 사람들은 '치유'를 이루려고 해요. 역류예요. 뭔가를 '더 낫게' 만들려고 해요. 역류예요. '목표를 세울 거야'라고 해요. 역류예요. 노력하는 태도에는 항상 물살

을 거스르게 하는 뭔가가 있어요. 그냥 놓는 건 완전히 달라요. 당신은 그걸 항복이라고 부르죠. 우리는 욕망을 포기하는 거라고 부르지 않아요. 그럴 수 없어요. 욕망은 영원해요. 된 것보다 덜 될 수는 없어요. 삶을 살면서 더 요청하게 해놓고 '신경 안 쓸래'라고 할 수 없어요. 욕망을 계속 다듬을 수는 있지만 계속 확장하고 흐름은 계속 빨라져요. 기분 좋게 느끼고 싶다면 흐름과 함께 가는 것 외에 다른 선택이 없어요.

우리가 여기서 이야기하는 이유는 이 몸에 있는 동안 진짜 나를 따라잡는 게 당신한테 엄청난 재미가 될 거라고 생각하기 때문이에요. 미래 세대는 당신이 지금 살고 있는 삶의 혜택을 받아요. 전쟁을 보면서 평화를 원하고, 굶주린 사람을 보면서 배부르길 바라고, 이웃에서, 나라에서, 세계에서, 가정에서 일어나는 일을 겪으면서 끊임없이 욕망을 쏘아 올려왔어요. 당신과 삶의 경험은 영원히 되어가고 있어요. 여기서 대부분이 생각 못 한 게 있어요. 그렇게 되어가고 있는 상태가 바로 다음 세대가 태어나는 진동의 토대예요. 이해되나요?

그래서 태어나는 아기들이 태어나자마자 케이블 준비가 되어 있는 거예요. 인터넷을 바로 이해하고 새로운 기기를 바로 다뤄요. 그 모든 것의 최첨단 에너지에서 태어났으니까요. 저항이 없어요. '세대 차이'라고 부르는 게 바로 이거예요. 세대의 차이가 아니라 에너지의 차이, 저항의 차이예요. 그래서 내맡김의 기술은 진짜 나를 따라잡는 방법을 알아내는 거예요. 진짜 나를 따라잡도록 자신을 내맡기면 삶이 얼마나 짜릿한지 몰라요. 제리와 에스더가 강 가이드한테 이렇게 말하는 걸 상상해보세요.

"보트는 어디서 내려요?" 가이드가 말해요.
"한참 내려가서 포트 콜린스 근처에서요."
에스더가 말해요.

"좋은 생각이 있어요. 뗏목을 다시 버스에 싣고 다시 내려가고 싶어요. 근데 내리는 지점 바로 위에서 보트를 띄워주세요. 바로 도착하는 게 좋거든요."

가이드가 말해요. "원하시는 대로요. (웃음) 근데 강을 타러 오신 거 아니었어요?"

우리가 말하고 싶은 건 이거예요. 강을 타러 온 거잖아요. 당신은 말해요. "강을 타고 싶어요. 하지만 10년, 20년, 50년 동안 원하는 걸 갖지 못한 채로 있고 싶지 않아요. 얻기 전에 얼마나 오래 원해야 해요?"

우리는 말해요. 흐름과 함께 가면 금방이에요. 거슬러 가면 평생이에요. 평생이라고 한 건 이번 삶에서 그렇다는 뜻이에요. 정말 열심히 역류하면 이미 된 것에서 자신을 떨어뜨릴 수 있어요. 물론 그러려면 노를 절대 놓지 않도록 서로 응원하는 온라인 모임에 가입해야겠죠. (웃음)

잠을 자면 무슨 일이 일어나는지 알아요? 보트가 저절로 돌아가요. 아…… 편안해요. 그러다 아침에 일어나서 또 젓고 젓고 젓고 저어요. 잠들면 다시 아…… 편안해요. 일어나면 또 젓고 젓고 젓고. (웃음)

이런 거예요. 당신은 순수하고 긍정적인 에너지예요. 하나의 흐름이에요. 그러다 작은 아기의 몸으로 태어나요. 이미 걱정하고 있는 엄마한테 태어나는 것만으로 진동에 살짝 간격이 생겨요. 잠을 자면 간격이 닫혀요. 일어나면 다시 살짝 벌어지고요. 더 오래 살수록 대부분은 투덜거리고 걱정할 거리를 더 많이 찾고 진짜 나와의 간격은 점점 벌어져요. 그러다 자라서 삶을 나아지게 하고 싶어져요. 그래서 명상을 가르치는 세미나에 와요. 마음을 조

감정이 알려주는 것들

용히 하는 법을 배워요. 마음이 조용해지면 생각이 멈춰요. 생각이 멈추면 저항하는 생각도 멈춰요. 간격이 닫혀요. 그러다 명상에서 나와요. 비판할 사람을 찾으면 간격이 벌어져요. 칭찬할 사람을 찾으면 닫혀요. 잘못된 걸 찾으면 벌어져요. 잘되는 걸 찾으면 닫혀요. 감사하는 마음은 항상 간격을 닫고, 잘못된 걸 찾는 마음은 항상 간격을 벌려요. 매일 하루 종일 생각으로 뭘 하느냐에 따라 이게 계속 일어나고 있어요. 내맡김의 기술은 느끼는 방식에 주의를 기울이는 거예요. 나와 진짜 나 사이의 간격을 알아차리는 거예요. 그리고 부정적인 생각을 놓으면서 의도적으로 덜 저항하는 생각으로 자신을 안내하는 거예요. 강하게 긍정적인 생각을 하려고 애쓸 필요도 없어요. 그냥 그렇게 괴롭히는 것들에 대해 이야기하는 걸 멈추세요.

제리와 에스더는 큰 버스를 타고 다녀요. 14미터짜리인데 보통 에스더가 운전하고 제리는 뒤에서 뭔가를 해요. 프로젝트를 하거나 비디오를 보거나. 에스더가 가끔 얘기하고 싶어서 경적을 울리곤 했는데 제리가 못 들을 때가 많았어요. 도로 위의 차들은 다 놀라서 비켜나는데 (웃음) 제리는 헤드폰을 끼고 있어서 못 들었어요. 그래서 에스더가 옆에 버튼을 하나 찾았어요. 누르면 버스 안의 불이 전부 켜지고 다시 누르면 전부 꺼져요. 제리가 불이 켜졌다 꺼지는 걸 보면 '아, 에스더가 할 말이 있나 보다' 하고 하던 걸 정리하고 앞으로 와요. 옆자리에 앉아서 물어요. "뭐 할 말 있었어?"

에스더가 말해요. "아, 됐어요. 역류 생각이었어요." (웃음) 제리가 거기까지 오는 데 시간이 걸린 게 오히려 좋았어요. 바로 옆에 앉아 있었으면 그냥 터뜨렸을 거예요. 제리가 동의했으면 더 나빠졌을 거고 동의하지 않았으면 자기가 옳다는 걸 증명하려고 더 열심히 말했을 거예요. 역류 생각을 한번 입 밖에 내면 누군가 동의해서 증폭되거나 동의하지 않아서 더 확신을 갖고 세지거든요. 하지만 잠시 멈추고 확인하면 달라져요.

'이건 역류 생각일까, 하류 생각일까? 참자아가 동의하는 생각일까? 흠, 아닌 것 같아.' 시간이 지나면 항상 근원의 부름을 느낄 수 있다는 걸 알아차리기 시작해요. 들으려고 하면 느낄 수 있어요. 약간의 연습이 필요하고 주제마다 연습이 필요하지만 어느새 진동에 너무 민감해져서 원래 의도한 대로 이 안내를 쓸 수 있게 돼요. 세상의 모든 생각이나 지금까지 해본 모든 생각을 정리하려고 하는 대신, 방 안의 사람들이나, 공동체나, 정당이나, 교회나, 세상 사람의 생각을 다 정리하려는 대신, 그건 미칠 노릇이에요. 참자아가 모든 것에 대해 아는 걸 느낄 수 있어요. 이미 된 것을 느낄 수 있어요. 그 느낌을 찾고 그 방향으로 움직이면 몸이 편안해져요. 노를 놓는 순간 대부분의 저항이 가라앉아요. 원하는 것이 나타나기까지 시간이 좀 걸릴 수 있지만요. 노를 놓는 순간 몸에 질병이 있다면 대부분의 질병이 가라앉아요.

농담이 아니에요. 안도감이 모든 의학이 찾고 있는 치료예요. 치료를 찾으려 하지 말고 진동적 원인을 찾으세요. 원인을 찾을 필요조차 없어요. 저항을 일으키는 생각을 찾을 필요도 없어요. 저항을 일으키지 않는 생각을 찾기만 하면 돼요. 모든 걸 정리할 필요 없어요. 돌아가서 어디서 잘못됐는지 추적할 필요 없어요. 그냥 안도감을 주는 생각을 찾으면 돼요

어느 날 제리와 에스더가 올랜도를 떠나 보카 라톤으로 가고 있었어요. 에스더가 내비게이션을 설정했는데 갑자기 제리가 말했어요. "잘못된 방향으로 가고 있는 것 같아."

에스더가 화면을 보고 말했어요. "내비가 시키는 대로 다 하고 있어요." 제리가 말했어요. "이건 맞을 리가 없어."

에스더가 말했어요. "그냥 따라가 보고 어디로 데려가는지 보죠." 내비는 제리가 보기에 완전히 엉뚱한 유료 도로로 안내했어

요. 거기서 인터스테이트 4로 빠지게 하더니 조금 가다가 유턴시켜서 다시 같은 유료 도로를 반대로 타게 했어요. 한 10분을 빙 돌아간 거예요.

제리는 웃고 있었어요. 무슨 일이 벌어진 건지 뻔했거든요. 에스더가 말했어요.

"내비가 이상한 건지, 내가 잘못된 입구로 들어간 건지 모르겠어요. 내가 잘못 들어갔는데 내비가 바로 다시 계산해서 '여기서는 이 길이 최선이야' 한 건지도 모르겠고요." 에스더는 궁금해 죽겠었어요. 내비 탓인지 자기 탓인지. 제리한테 말했어요.

"돌아가서 처음부터 다시 해볼래요? 어디서 잘못됐는지 알고 싶어요." 제리가 말했어요.

"그냥 지금부터 제대로 가면 되지." (웃음)

정말 참신한 생각이에요. 있는 곳에서 시작하라는 거예요? 돌아가서 뭐가 잘못됐는지 파헤치지 말라는 거예요? 누구 탓인지 따지지 말고 그냥 지금 있는 곳에서 시작하라는 거예요? 네, 그게 정말로 바라는 거예요.

어디든 보트를 띄운 곳에서 시작하면 돼요. 지금 있는 곳에 있으니까요. 아주 좋은 말이 있어요. '나는 지금 여기에 있다.' 그리고 하나 더. '나는 지금 여기에 있다. 그리고 괜찮아.' 괜찮을 뿐 아니라 괜찮아야 해요. 지금이 가진 전부니까요. 선택의 여지가 없으니 받아들이면 좋겠죠.

'나는 지금 여기에 있다.' 그게 받아들이는 거잖아요, 그렇죠? "나는 지금 여기에 있다. 그리고 괜찮아."

왜 괜찮아요? "지금 여기에 있으니까. 그리고 괜찮아."

왜 괜찮아요? "선택의 여지가 없으니까. 그래서 괜찮아야 해. 지금 여기에 있어." "지금 여기에 있어. 아픈 채로 보트를 띄웠을 수도 있고, 건강한 채로 띄웠을 수도 있어. 풍요로운 곳에서 띄웠을 수도 있고, 부족한 곳에서 띄웠을 수도 있어. 이혼이나 끔찍한 경험 한가운데서 띄웠을 수도 있고, 사랑 한가운데서 띄웠을 수도 있어. 어디서 보트를 띄웠든, 어떤 주제가 내 안에서 활성화되어 있든, 나는 지금 여기에 있다. 그리고 괜찮아. 괜찮아야 해. 이걸로 충분하니까."

이건 시간이 좀 걸릴 거예요. (웃음)

하루 종일 여기 있고 싶어요. 이렇게 말하길 바라니까요. "지금 여기에 있어. 그리고 충분해. 중요한 감정은 딱 하나, 안도감이야. 지금 여기에 있고 가진 전부니까 괜찮아. 강력하고 멋진 선택이 있어. 하류냐 역류냐! 조금 더 좋게 느끼기, 조금 더 나쁘게 느끼기. 그게 가진 전부야. 하지만 충분해. 어디에 있든 하류 생각을 찾고, 또 하류 생각을 찾고, 또 찾고, 무슨 일이 일어나든 하류 생각을 찾으면…."

무슨 일이 일어나는지 알아요? 흐름과 함께 가기 시작해요. 흐름과 함께 가기 시작하면 원하는 모든 게 하류에 있으니까 원하는 상황과 사건 속으로 떠내려가기 시작해요. 오랫동안 기다려온 것들이 거의 즉시 눈에 보이기 시작해요. 그것들을 막고 있던 건 오직 역류로 노를 젓고 있었던 것뿐이니까요. 모든 걸 보는 우리의 관점에서 정말 흥미로운 게 뭔지 알아요?

최근에 건너간 분들이 이런 얘기를 해요. 죽고 나서 돌아보니까 이게 가장 웃긴 거래요. 살아 있을 때 그렇게 열심히 역류로 노를 저었는데 흐름의 힘이 워낙 강해서 어차피 원하는 곳에 다 가게 돼 있었대요. 괜히 힘들게 버틴 거라고요. 진작 노를 놓았으면 훨씬 빨리 도착했을 텐데요. 많은 분이 하류를 등지고 역류 쪽을 보면서 열심히 노를 젓고 있어요. 아무리 세게 저어도 흐름이 워낙 강해서 어쨌든 원하는 것 쪽으로 데려가고 있는데 뒤를 보고 있으니까 못 봐요. 원하는 게 바로 옆을 지나가도 몰라요. 노를 놓고 돌아앉아서 편안하게 흐름을 신뢰하면 다 보이는데요. 그림이 그려지죠?

당신은 큰 이유를 갖고 여기 온 강력한 창조자예요. 이 몸에서 보이는 것보다 훨씬 큰 존재예요. 지금 있는 곳에서 조금만 편안해지고 돌아서 흐름과 함께 가보세요. 그렇게 결심한 첫날부터 흐름의 힘을, 끌어당김의 법칙의 힘을, 당신이 가치 있다는 걸, 존재가 영원하다는 걸 발견하게 될 거예요. 삶은 당신한테 좋아야 해요. 기분이 좋아야 해요. 재미있어야 해요. 투쟁하려고 나온 게 아니에요. 대조를 경험하려고 나왔어요. 대조가 흐름의 힘을 만들어내요. 대조가 원하는 걸 당신 안에 쌓아요. 대조가 확장을 일으켜요." 그러면 이 몸으로 살면서 어떻게 대조를 내 것으로 만들고 확장된 나를 따라갈 수 있어요? 깨어 있되 두려워하지 않고, 싫은 걸 보면서 원하는 걸 알아차리고, 느낌에 귀 기울이면서 그때그때 가장 좋은 생각을 찾으면서요."

그렇게 하다 보면 어느새 대조가 그렇게 격렬하지 않아요. 정말 싫은 걸 알면 정말 원하는 것도 알게 돼요. 하지만 둘 사이가 너무 멀어요. 돌아서서 흐름과 함께 갈수록 그 간격이 줄어들고 대조가 부드러워져요. 자극적인 걸 좋아하는 분한테는 이 부드러운 방식이 심심할 수 있어요.

하지만 이런 자리에 갈 수 있어요. '저거 원해.' 흐름에 맡겨요. 받아요. '저거 원해.' 흐름에 맡겨요. 받아요. 원해요, 받아요. 원해요, 받아요. 원해요, 받아요. 계속 이래요.

하지만 보통은 이렇죠. 원해요, 없어요. 원해요, 없어요. 원해요, 없어요. "없어. 없어. 없어. 너도 없잖아. 없는 거 어때? 싫지? 나도 싫어. 걔네는 있는데 우리는 없어.

'원하는 거 못 가진 사람들 모임'에 가입해야 해. '못 가진 것에 반대하는 사람들. 없을수록 더 원해요. 없다고 말할수록 더 원해요. 그래서 흐름은 점점 빨라져요.

그러고는 이래요. "있잖아, 진짜 기분이 안 좋아." 당연하죠. 삶이 엄청난 흐름을 만들어놨는데 그 흐름과 함께 안 가고 '없다 없다' 하는 모임에 가입해서 자기를 찢어놓고 있으니까요.

그냥 놓으세요.
기분 안 좋게 하는 거 뭐든 그냥 놓으세요.
그러면 흐름과 함께 가기 시작해요.

특별히 질병을 생각해서 아픈 게 아니라는 거 알아요? 일단 아프고 나면 질병을 생각하기 때문에 아픈 상태로 있지만 처음에 아프게 된 건 질병을 생각해서가 아니에요. 직장의 그 사람이 싫어

감정이 알려주는 것들

서 아픈 거예요. 채워지지 않아서 아픈 거예요. 25년 전에 누가 배신했는데 그 뒤로 매일 그 얘기를 해서 아픈 거예요. 원하지 않는 것만 계속 봐서 아픈 거예요. 여기는 디즈니랜드가 아니에요. 아무도 흐름을 끌 수 없어요. 꺼지길 바라지도 마세요. 그건 삶의 부름이에요. 근원의 부름이에요. 어디에 있든 돌아서서 흐름과 함께 가도록 돕는 게 우리의 바람이에요. 원하는 것을 막고 있는 유일한 것, 저항을 놓도록 가진 모든 방법을 다 알려드릴 거예요. 어떤 주제에서든 지금 있는 곳과 가고 싶은 곳 사이의 간격을 좁히고 싶다면 기꺼이 함께 이야기할게요. 어떤 질문에든 답이 있어요. 모든 문제에 해결책이 있어요. 모든 오해에 이해가 있어요. 모든 혼란에 명확함이 있어요. 마법 가방이 있어서가 아니라 법칙을 알고 흐름의 힘을 알기 때문이에요. 그리고 당신의 미래를 보았어요.

자신이 자기 경험의 창조자라는 걸 알죠?

이 몸 안의 근원 에너지라는 걸 알죠?

확장의 짜릿함을 위해 이 최첨단 환경에 오려고 여기 왔다는 걸 알죠?

확장하고 있다는 걸 느끼죠?

당신 안에 쌓여온 것, 되어가고 있는 그것을 느끼지 않나요? 이 대화를 통해 알게 되지 않았나요? 아직 눈에 보이지 않아도 지금

이 순간에도 그건 실제라는 걸요.

이 부분을 꼭 들어주세요. 갖고 있는 질문에 이미 답이 나와 있다는 걸 알아주세요. 그 답을 향해 흐르도록 자신을 내맡기기만 하면 돼요. 직면한 딜레마도 이미 해결돼 있어요. 그 해결책을 향해 흐르도록 내맡기면 돼요. 그 사이에서 버둥거리지 마세요. 흐름의 힘과 당신의 가치를 그냥 믿으세요. 충분하니까요. 삶이 더 되게 하려는 의도를 갖고 이 최첨단 환경에 나왔다는 걸 아는 게 좋지 않나요? 그리고 웃기지 않나요?

우리는 웃겨요. 안 웃기다고요? 죽으면 웃길 거예요. 투덜거리고 걱정할 것들을 잔뜩 찾아놓고 그걸 핑계로 이미 된 것과 함께 가지 않잖아요.

한 친구가 이렇게 말했어요. "에이브러햄, 제 연인이 오든, 말든 신경 안 쓰게 만들려는 거죠? 상상하는 게 너무 잘 돼서 없다는 걸 못 느끼게 하려는 거죠?"

맞아요. 상상이 너무 잘 돼서 없어도 괴롭지 않으면 꿈과 맞춰진 거예요. 그러면 그 사람은 올 수밖에 없어요. 하지만 꿈과 맞춰지기 전까지는 뭘 해도 소용없어요.

맞춰져 있지 않으면 세상이 나와 협력하지 않을 뿐 아니라 의도적으로 반대하는 것처럼 느껴져요. 하지만 진짜 나와 맞춰지면 원하는 것을 아무것도 막을 수 없다고 느끼게 돼요. 적대적인 힘도 없어요. 모순된 의도도 없어요. 경쟁하는 사람도 없어요. 되고 싶고, 하고 싶고, 갖고 싶은 것을 빼앗을 수 있는 건 아무것도 없어요. 원하는 것이 없다는 데 주의를 기울이는 것 외에는요. 할 일은 누군가를 설득해서 원하는 걸 얻는 게 아니에요. 그냥 어디에 있든 안도감을 찾는 거예요. 안도감을 찾는 데 익숙해지면 흐름과 함께 가기 시작하고 하류에서 기다리고 있던 것들이 하나씩 연결되기 시작해요. 당신을 지켜보던 사람들이 도대체 무슨 일이 일어난 건지 궁금해할 거예요.

사람들이 당신을 이렇게 묘사하기 시작할 거예요. 원하는 걸 말하기만 하면 하늘과 땅이 그쪽으로 움직이는 것 같은 사람. 무슨 일이 있어도 감정적 균형을 잃지 않는 사람. 비관적인 상황에서도 항상 낙관적인 사람. '순진하다'고 놀릴 수도 있어요. 하지만 확실히 알아차리기 시작할 거예요. 당신의 삶이 보통이 아닌 방식으로 돌아가고 있다는걸요.

수년간 원해 온 것들이 경험으로 흘러 들어오기 시작하고 지난 주에 원한다고 한 것까지 벌써 나타나는 걸 보면서 놀라며 말할 거예요.

"도대체 무슨 일이야?"이렇게 설명할 거예요.

"이 흐름이라는 게 있어. (웃음) 마침내 그걸 알아차리고 내 안의 흐름과 싸우는 걸 멈췄어. 마침내 진짜 나와 맞춰졌어."

"그래서 원하는 게 다 이루어졌다는 거야?"

"아니, 전혀. 매일 새로운 꿈을 꾸니까."

"그러면 완전히 채워진 건 아니네?"

"거의 영원히 안 채워질 거야. 하지만 다 이루려고 태어난 게 아니야. 꿈꾸고 그쪽으로 움직이려고 태어났어. 그 여자를 만나려고 온 게 아니야. 원하려고 왔어. 원하는 게 너무 좋아. 원하면서 가질 수 없다고 믿으면 끔찍하지만 원하는 것 자체가 정말 원했던 거야. 만나는 것도 멋지겠지만 원하는 것 안에 이미 엄청난 기쁨이 있어."

믿으면서 원하면 살아나요. 의심하면서 원하면 끔찍해요. 이제 선택할 수 있다는 걸 알잖아요. 당신의 하류에 있는 것들이 기대돼요. 봤어요. 좋아요. 그쪽으로 흘러가기 시작하면 처음에는 깜짝 놀랄 거예요. 하지만 나타날 준비가 되면 너무 자연스러워서 이렇게 말할 거예요.

"아, 거기 있었구나. 있는 줄 알았어. 느낄 수 있었어."

감정이 알려주는 것들

당신을 위한 큰 사랑이 여기 있어요. 그리고 지금은, 늘 그렇듯,
우리는 영원히 행복하게 미완성이에요.

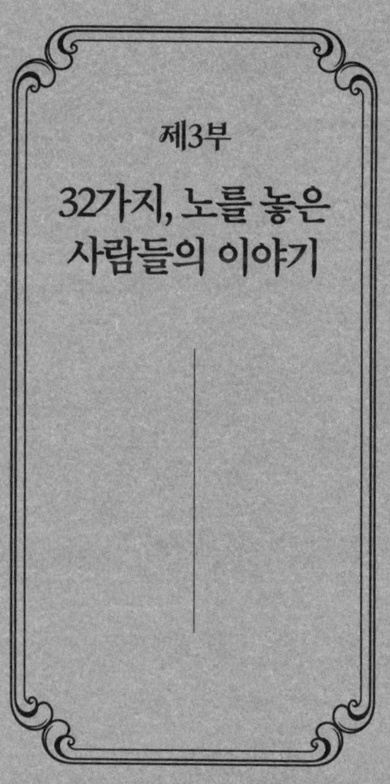

제3부

32가지, 노를 놓은 사람들의 이야기

노를 놓도록 도와줄 몇 가지 예시

다음 페이지들에서 사람들이 종종 참자아와 어긋나는 다양한 주제에 대한 예시를 들 거예요. 몸, 관계, 삶의 목적, 재정과 직업, 심지어 세계적 사건에 관한 욕망까지 다뤄요.

이 예시들은 여러분이 삶을 살면서 끊임없이 개선과 확장을 요청해 온 그 흐름 속에서 모은 거예요.

이 중 일부는 지금 당신에게 딱 맞아떨어질 거예요. 일부는 개인적으로 관련이 없을 수도 있어요. 하지만 자기 문제가 아니라도 읽어보면 도움이 돼요. 이 예시 안에서 의도적 창조에 대한 온전한 이해를 발견하게 될 테니까요.

읽으면서 일부에 이의를 제기하고 싶을 수도 있어요. 어떤 욕망은 적절하지 않다고 느낄 수 있으니까요. 지금 겪고 있는 상황에 따라 일부 예시가 사소하게 느껴질 수도 있어요. 예를 들어 심각한 건강 문제로 두려움에 빠져 있는데 직장 동료와의 관계 개선에 대한 부분을 읽고 있다면 이렇게 사소해 보이는 것에 왜 이렇게 주의를 기울이는지 짜증이 날 수도 있어요. 하지만 개인적으로 관련이 없더라도 읽어보길 권해요. 읽는 과정에서 참자아와의 일치를 더 깊이 이해하게 될 거예요.

우리는 무엇을 원해야 하는지를 알려주려는 게 아니에요. 당신의 삶이 이미 그걸 해냈으니까요.

예시 1. 무서운 진단을 받았다

"제 몸이 불균형의 징후를 보이고 있어요. 사실 전문가로부터 불안한 진단을 받을 만큼 균형에서 벗어났고 이제 두려움을 느끼고 있어요."

이런 상황에서 두려움을 느끼는 건 이해할 만해요. 하지만 두려움을 느끼고 있다면 흐름을 거슬러 가고 있다는 뜻이에요. 이때 진짜 해야 할 일이 무엇인지 놓치기 쉬워요. 취해야 할 행동에 대해 다양한 의견이 너무 많으니까요. 이 진단에 대해 수백 권의

감정이 알려주는 것들

책이 쓰여졌지만 어떤 행동을 선택해야 하는지의 혼란 속에서 지금 흐름을 거슬러 가고 있는지 따라가고 있는지를 알아차리기 어렵죠.

이렇게 되지 않았으려면 뭘 다르게 했어야 했는지 따지기 시작하면서 상황을 더 복잡하게 만들어요. 다르게 선택했더라면 지금과 다른 결과가 있었을 갈림길을 되돌아보면서요.

"그 모든 세월 동안 그런 걸 하지 말았어야 했어."

"대신 이걸 했어야 했어."

"좀 더 잘 관리했더라면……."

"더 정기적으로 검진을 받았더라면……."

"어머니 말을 들었더라면!"

하지만 이 순간에 고려해야 할 유일한 것은 이거예요. 나는 흐름을 거슬러 가고 있는가, 따라가고 있는가? 이것만을 유일한 기준으로 삼는다면 원하는 건강 상태를 향해 움직이기 시작할 수 있어요. 이것 외에 고려할 것은 없어요. 지금 나는 개선을 향해 돌아섰는가, 멀어졌는가? 느끼는 감정이 그 답을 줄 거예요.

흐름을 거슬러 가고 있는지, 따라가고 있는지 알아차리는 것은 사람마다 달라요. 흐름이 얼마나 빠르냐에 따라 다르기 때문이에요. 살고 싶은 욕망이 강할수록 참자아가 이미 만들어놓은 건강한 버전과의 간격이 크게 느껴져요. 진단이 심각하고 생명을 위협

하는 것인데 살고 싶은 열정이 여전히 강하다면 그 진단에 초점을 맞추는 순간 매우 강한 두려움을 느낄 거예요. 살고 싶은 욕망이 강한 만큼 건강한 당신을 향한 흐름이 빠른데 - 두려움에 초점을 맞추면 그 빠른 흐름을 거슬러 가는 거니까 저항이 크고 두려움도 강한 거예요.

하지만 그 강한 두려움은 '끝났다'는 신호가 아니에요. '그만큼 강하게 원하고 있다'는 신호예요. 참자아는 이미 그 강한 욕망을 받아서 건강한 당신을 만들었고 그것은 이미 오고 있어요. 해야 할 일은 그걸 아는 거예요. 이미 오고 있다는 걸 믿고 편안하게 받아들이는 거예요. 그 순간 빠른 흐름이 당신 편이 돼요. 강하게 원한 만큼 빠르게 건강을 향해 데려가요.

반면에 이 몸에서의 삶을 그다지 강하게 원하지 않는다면 흐름 자체가 느리기 때문에 불안도 훨씬 약할 거예요.

핵심은 이거예요. 강한 두려움은 '끝났다'는 신호가 아니라 '그만큼 강하게 원하고 있다'는 신호예요. 원하는 만큼 흐름이 세니까 방향만 돌리면 그만큼 빠르게 갈 수 있다는 뜻이에요. 이처럼 어떤 순간이든 느끼는 감정은 두 가지를 알려줘요. 첫째 욕망이 얼마나 강한지. 둘째 지금 흐름의 어느 방향을 향하고 있는지.

감정이 알려주는 것들

이 예시를 시작하면서 '치유'라는 생각조차 흐름을 거슬러 가는 것일 수 있다는 점을 생각해보세요. 치유라는 말 속에는 질병의 극복이 담겨 있죠. '질병을 이기는 것'과 '건강을 내맡기는 것' 사이의 차이를 느껴보세요.

이런 상황에서 보통 하는 말 몇 가지를 보여줄게요. 각각이 흐름을 거슬러 가는지, 따라가는지 느껴보세요.

이것은 매우 무서운 진단이야. (역류)

나를 더 잘 돌봤어야 했어. (역류)

이 질병은 유전이야. (역류)

치료 방법이 만만치 않아. (역류)

어떻게 여기까지 왔지? (역류)

왜 이런 일이 나에게 일어났지? (역류)

이 말들이 흐름을 거슬러 가는 저항의 말이라는 걸 쉽게 느낄 수 있을 거예요. 하지만 이제 다음의 흔한 말을 생각해보세요.

'나는 이것을 이길 수 있어. 나는 이것이 나를 이기게 내버려두지 않을 거야. 나는 아직 갈 준비가 안 됐어. 나는 이것을 극복할 거야.'

이 말도 역시 흐름을 거슬러 가는 저항의 말이라는 걸 이해해 보세요. 이 말 각각에서 당신은 원하지 않는 것을 바라보며 원하는 것이 아니라 원하지 않는 것에 맞춰진 상태로 자신을 붙들고 있어요. 그리고 이런 말 속에서 중요한 사실을 잊고 있어요. 질병이라는 불쾌한 경험에서 이미 개선을 향한 요청이 발사되었고 참자아는 이미 그것을 이뤘다는 사실을요. 참자아는 그 개선된 곳에 서서 당신을 부르고 있어요. 그것이 바로 흐름의 추진력이에요. 이 역경을 극복해야 한다는 바로 그 믿음이 거슬러 가게 하고 해결에서 멀어지게 해요.

이제 이 생각이 어떻게 느껴지는지 보세요.

이 진단이 나로 하여금 더 큰 건강을 요청하게 했어. (하류) 참자아는 이미 그 건강을 이뤘어. (하류)

나는 계속 진화하고 더 많은 것을 요청할 거야. (하류)

진동의 차원에서 나는 가장 건강한 상태에 있어. (하류)

참자아인 나는 지금 그 어느 때보다 더 좋아. (하류)

끌어당김의 법칙이 나머지 나도 그 개선된 상태를 향해 부르고 있어. (하류)

자연스러운 흐름은 나의 행복을 향해 움직이고 있어. (하류)내가 선택하는 어떤 행동도 이 흐름에 대한 앎보다 덜 중요해. (하류)

이 모든 것에서 투쟁할 이유가 없어. (하류)

나의 행복은 불가피해. (하류)

이것들은 모두 흐름을 따라가는 말이었어요. 이제 이 말들의 이완된 느낌에서 안도감을 느끼는 시간을 가져보세요.

안도감을 느낄 때마다 저항을 줄인 거예요. 저항을 줄이면 욕망의 방향으로 흐르고 있는 거예요. 건강이 눈에 보이는 형태로 즉시 완전히 나타나지는 않겠지만 그럴 필요도 없어요. 행복에 저항하려는 충동 대신 행복을 내맡기는 기술을 발견했으니까요. 당신의 행복은 반드시 돌아올 거예요.

생각을 흐름을 따라가는 쪽으로 계속 안내하다 보면 시간이 지나면서 그것이 자연스러운 성향이 될 거예요. 쉽게 될 거예요. 처음에는 안도감이 오락가락할 거예요. 시간이 지나면 안도감이 일관되고 그때 눈에 보이는 변화가 안도감을 따라올 거예요. 질병은 저항에 대한 끌어당김의 법칙의 반응이에요. 행복은 내맡김에 대한 끌어당김의 법칙의 반응이에요.

해결책을 찾는 데 얼마나 걸릴까요?

"제 몸에서 개선을 보기 시작하기까지 얼마나 걸릴까요? 다시 말해서 새롭고 개선된 진단을 언제 기대할 수 있을까요?"

　무서운 진단에 대한 빠른 해결을 갈망하면서 이런 질문을 하는 건 이해할 만해요. 하지만 이 질문 자체가 질병을 경험하고 있고 해결책이 필요하다는 전제에서 나와요. 그래서 이 질문은 확실히 흐름을 거슬러 가고 있어요. 또한 흐름의 힘과 방향 그리고 당신을 해결책으로 데려갈 수 있는 흐름의 능력에 대한 이해가 부족하다는 걸 드러내요.

　"개선을 보기까지 얼마나 걸리나요?"라고 물을 때 사실은

　"있고 싶지 않은 이곳에 얼마나 오래 있어야 하나요?"라고 묻고 있는 거예요. 이 말의 차이가 미미해 보일 수 있지만 진동적 차이는 커요.

　말이나 초점이 흐름을 거슬러 가는지 따라가는지 알 수 있는 유일한 방법은 안도감을 느끼는지 살펴보는 거예요.

　예를 들어:

　내 몸에서 개선을 보기까지 얼마나 걸리지? (역류)

　이제 그보다 기분이 더 나아지는 질문이나 관점을 찾아보세요. 느끼는 감정에 초점을 맞추고 다음 말로 기분을 조금 더 좋게 만

들어 보세요.

개선은 자연스러운 거야. (하류)

다 적절한 때가 있어. (하류)

이것이 세상을 뒤흔드는 말처럼 보이지 않을 수 있고 완전히 믿지 않을 수도 있지만 그건 전혀 중요하지 않아요. 중요한 건 오직 하나예요. 조금 집중해서, 기분을 조금 더 좋게 만들었다는 거예요. 배에 모터를 달고 기적적인 치유를 향해 달려간 건 아니지만 저항을 멈춘 거예요. 노를 놓은 거예요. 흐름에서 방향을 돌린 거예요. 바로 여기 바로 지금 필요한 모든 것을 한 거예요.

때때로 무언가가 일어나고 무언가를 관찰하고 누군가가 무언가를 말하거나 무언가를 기억하면서 다시 흐름을 거슬러 가게 될 거예요. 하지만 문제 되지 않아요. 이제 흐름에서 자기 위치를 알아차리고 있으니까요. 그래서 다시 한번 약간의 노력으로 거슬러 가는 생각을 기분이 더 나은 생각으로 바꿀 수 있어요.

예를 들어 쇠약해지는 질병으로 분명히 고통받고 있는 사람을 봐요. 그 사람의 증상이 당신의 것과 비슷해 보이는데 당신보다 훨씬 더 아파 보여요. 그 사람을 보면서 두려움을 느끼고 생각해요. "나도 저렇게 되는 건 아닐까."

하지만 이번에는 그 생각이 당신을 지배하지 않아요. 대신 지금 내가 어떻게 느끼고 있는지가 먼저예요. 지금 느끼는 감정이 어떤 생각보다 중요하니까요. 그래서 이 순간 기분을 조금이라도 나아지게 하기로 해요.

나도 저렇게 되는 건 아닐까. (역류)

저 사람의 사정은 나도 몰라. (하류)

저 사람은 한 달 전보다 오늘 더 나은 걸 수도 있어. (하류)저 사람이 어떤 생각으로 저런 경험을 만들었는지 나는 몰라. (하류)

저 사람의 경험과 내 경험은 관련이 없어. (하류)

문제를 찾아다니지 말아야겠어. (하류)

내 일이나 신경 써야겠어. (하류)

다시 말하지만 극적인 개선이나 삶을 바꾸는 아이디어를 찾는 게 아니에요. 느끼는 감정의 부드럽고 약간의 개선이면 돼요. 매일 많은 상황이 일어나고 그 안에서 느끼는 감정을 알아차리면서 반복해서 조금씩 흐름을 따라가는 쪽으로 방향을 돌리다 보면 어느새 자연스러운 습관이 될 거예요. 그리고 머지않아 생각 방향의 개선이 몸에 눈에 보이는 증거로 나타날 거예요.

이 순간 달성할 수 있는 개선된 감정에 초점을 맞추면 그것이 몸의 개선을 위한 진동적 토대가 돼요. 반면에 몸의 개선이 언제 어떻게 올지 구체적으로 확정하려고 하면 오히려 개선을 늦춰요. 그 답을 모르기 때문에 저항이 생기거든요. 간단히 말해서 즉각적인 몸의 회복은 달성할 수 없지만 개선된 감정은 달성할 수 있어요. 그것으로 충분해요!

예시 2. 살이 빠지지 않는다

"제가 기억하는 한 나는 오랫동안 과체중이었어요. 불편한 다이어트와 박탈감, 힘든 운동으로 체중을 억지로 조절할 수 있었던 짧은 시간이 인생에서 몇 번 있었어요. 하지만 그 어떤 것도 쉽지 않았고 오래 유지할 수도 없었고 원하지 않는 체중은 항상 돌아왔어요.

옷을 입으면 불편하고 새 옷을 사러 가는 게 두려워요. 옷장 앞에 서서 입을 것을 찾는데 좋은 옷이 몇 벌 있는데도 아무것도 마음에 들지 않아요. 무엇을 입든 내 모습이 마음에 들지 않으니까요.

몸이 잘 움직이지 않고 몇 킬로그램만 뺄 수 있다면 훨씬 기분이 나아질 거라는 걸 알아요. 하지만 이 체중에 대해 아무것도 할 수 없다고 느껴서 매우 낙담해요.”

여기서 의도적 창조의 가장 중요한 부분을 다시 짚어볼게요. 창조는 행동을 통해 일을 일어나게 만드는 게 아니에요. 사실 창조는 일어나게 만드는 것과는 전혀 관계가 없어요. 창조는 원하는 것이 일어나도록 내맡기는 거예요. 그리고 내맡김은 행동이 아닌 에너지의 일치를 통해 일어나요. 이건 듣기 힘들 수 있어요. 살아온 경험에서 행동이 결과를 만든다는 걸 알고 있으니까요. 음식 섭취를 줄여서 체중을 뺄 수 있었다는 것도 알고 운동이 도움이 되었다는 것도 의심의 여지가 없어요. 우리도 동의하지 않는 게 아니에요. 행동이 많은 것의 창조에 자리를 차지하고 있다는 건 분명하니까요. 사실 행동 없이는 이 사회에 많은 것이 없었을 거예요. 하지만 존재의 진동적 기초를 고려하지 않고 행동만을 창조의 초석으로 삼으면 뚜렷한 핸디캡 아래서 일하는 거예요. 맞지 않는 생각이 만드는 저항을 행동만으로는 이길 수 없으니까요.

누군가가 체중 감량에 관한 아이디어를 주었고 그 아이디어에 즉각적인 열정을 느꼈던 성공적인 경험을 기억할 수 있을 거예요. 그 열정은 아이디어를 준 사람의 확신 덕분이었을 수도 있고 그 아이디어가 자신의 생각과 딱 맞아떨어졌기 때문일 수도 있어요.

감정이 알려주는 것들

하지만 우리가 주목하고 싶은 건 그 열정이에요.

그 열정은 존재의 진동이 맞고 있다는 증거였어요. 그다음에 무슨 일이 일어났는지 기억하세요. 행동을 취하고 싶어졌고 그것을 하면서 긍정적인 결과가 일어났어요. 누군가의 제안이나 격려나 요구 때문에 행동을 취할 수도 있고 일단 행동에 들어가면 태도가 나아지기 시작할 수도 있어요. 하지만 먼저 의도적으로 진동을 맞추고 그것이 성공적인 행동에 영감을 주도록 하는 것이 무엇을 창조하든 훨씬 더 강력한 접근이에요.

몸이 마음에 들지 않아 낙담할 때마다 '더 나은 몸을 원해'라는 욕망을 쏘아 올리고 있었어요. 그런 순간이 쌓이면서 깨닫지 못하는 사이에 '더 날씬하고 건강한 나'가 진동의 차원에서 이미 만들어지고 있었어요. 참자아는 이미 그 모습이 되어 기다리고 있어요.

또한 지금 기분이 환상적인 것과 끔찍한 것 사이에서 선택하고 있는 게 아니에요. 열정을 느끼는 것과 낙담을 느끼는 것 사이에서 선택하고 있는 것도 아니에요. 지금 당신의 선택은 그보다 더 미묘하고 섬세해요. 기분이 조금 더 나아지거나 조금 더 나빠지는 간단한 선택을 하고 있는 거예요. 거슬러 가는 생각 대신 기분이 조금 더 나은 따라가는 생각을 선택할 수 있어요. 그것이 유일한 선택이에요. 거슬러 가거나 따라가거나. 하지만 그 선택만으로 충분해요.

예를 들어 야외 쇼핑몰에 있다고 상상해 보세요. 아름다운 가게들을 드나들고 있고 수백 명의 사람들이 함께 움직이고 있어요. 이 사람들은 크기와 체형과 옷차림이 다양한데 당신은 주로 주변의 잘 차려입고 좋은 체형의 아름다운 사람들을 주목하고 있어요. 그들을 보면서 위축돼요.

지금 입고 있는 옷이 어색하게 느껴지고 오늘 당신의 모습이 불만족스러워요. 걸으면서 창문에 비친 자신을 보고 극도로 불만족스러워요. 초조하고 낙담하고 불행하게 느끼며 이 쇼핑을 전혀 즐기고 있지 않아요.

이제 쇼핑몰에 온 이유에 대한 관심을 잃었어요. 더 이상 쇼핑할 기분이 아니에요. 사실 지금 당신에게 매력적인 유일한 것은 뭔가 먹겠다는 생각이에요. 공기 중에 맛있는 냄새가 나고 배가 고프고 간식을 원한다는 걸 깨달아요. 여러 가지 선택이 눈에 보이고 공기 중의 향기로 근처에 더 많은 선택이 있다는 걸 알아요. 여러 가지 중 어느 것이든 좋아 보여요. 아이스크림, 초코바, 어쩌면 샌드위치 같은 더 든든한 것. 사실 지금은 그 모든 게 다 먹고 싶어요.

뭔가를 먹으면서 앉을 조용한 장소를 찾고 싶은 충동이 꽤 강해지고 있어요. 충동을 따르지 않으려고 싸워보지만 그냥 굴복하고 뭔가를 먹는 게 훨씬 쉬워요. 아이스크림 가게에서 줄을 서 있을 때 함께 줄을 서 있는 날씬한 사람이 눈에 들어와요. 짜증이 나면서 아이스크림에 대한 충동은 더 강해져요.

이 예시를 계속하기 전에 대부분의 사람이 이해하지 못하고 믿기 어려워하는 걸 설명하고 싶어요. 의지력을 발휘해서 아이스크림 가게를 나가든, 그냥 큰 통의 아이스크림을 사서 먹든, 어떤 행동을 하든 효과에 전혀 차이가 없어요! 심지어 1,000일 동안 참고 나가는 것과 1,000일 동안 매일 아이스크림 한 통을 먹는 것을 비교해도 차이가 없어요. 중요한 건 행동이 아니에요. 진동이에요. 당신을 뚱뚱하게 만드는 건 행동이 아니에요. 진동이에요. 차이를 만드는 건 무엇을 하고 있느냐가 아니에요. 그것을 하면서 어떻게 느끼고 있느냐예요.

체중에 관해 진동이 맞기 시작하면 식단의 변화에 대한 열정을 느끼기 시작할 수 있어요. 많은 사람이 말할 거예요.

"그러면 이게 전에 그렇게 많이 했던 다이어트와 뭐가 다른 거죠?" 하지만 이전에 행동했던 낙담의 느낌과 이번의 열정의 느낌에서 얼마나 더 쉬운지 주목해보세요. 이 개선된 감정 상태에서

제3부 32가지, 노를 놓은 사람들의 이야기

매력적인 아이디어를 발견하고 또 다른 아이디어를 발견하게 될 거예요. 기분 좋은 새로운 아이디어의 길이 연속해서 펼쳐지는 걸 발견하기 시작할 거예요. 애써 찾으려 하기보다 그 아이디어에 이끌려가는 걸 느끼기 시작할 거예요. 머지않아 눈에 보이는 결과가 나타나기 시작할 거예요. 물론 결과를 보면 열정은 더 커지고 그러면 정말로 원해 온 결과를 향해 달려가기 시작해요.

원하는 체중을 이루면(그리고 이룰 거예요) 이렇게 말하게 될 거예요. "이번에는 어렵지 않았어. 이번에는 유지할 거야. 그리고 어쨌든 나는 이제 내가 선택하는 어떤 몸 상태든 이루는 방법을 알아."

만약 날씬함이 행복의 감정과 맞는다면…….

그리고 행복하게 느끼면서 아이스크림을 먹는다면…….

당신은 아이스크림을 많이 먹는 날씬한 사람일 거예요.

만약 지금 날씬하지 않으면서 날씬해지고 싶은 욕망이 낙담의 감정과 맞는다면…….

그리고 낙담하면서 아이스크림을 먹는다면…….

당신은 아이스크림을 먹는 뚱뚱한 사람일 거예요.

만약 지금 날씬하지 않으면서 날씬해지고 싶은 욕망이 낙담의 감정과 맞는다면…….

그리고 의지력으로 아이스크림을 참는다면…….

당신은 아이스크림을 먹지 않는 뚱뚱한 사람일 거예요.

어떤 사람은 물을 거예요. "에이브러햄, 불행하면 뚱뚱해진다고 했는데 음식이 부족한 곳에는 왜 뚱뚱한 사람이 없나요? 그들은 불행하지만 뚱뚱하지 않아요. 굶어 죽고 있잖아요." 이렇게 대답할게요.

음식 부족이라는 현재 상황에 초점을 맞추고 자신과 가족을 위해 두려움을 느낀다면 원하지 않는 것에 맞춰져 있는 거예요. 뚱뚱해지고 싶지 않다는 생각이 역류하게 하든, 굶어 죽는다는 생각이 역류하게 하든 차이가 없어요. 생각이 역류하고 있다는 건 똑같아요. 원하는 것에 대한 저항이에요. 욕망이 날씬함이든, 가족을 위한 충분한 음식이든 상관없어요.

날씬함은 행복의 감정과 맞아요. (하류)

뚱뚱함은 불행의 감정과 맞아요. (역류)

먹을 것이 충분한 것은 행복의 감정과 맞아요. (하류)

먹을 것이 충분하지 않은 것은 불행의 감정과 맞아요. (역류)

원하는 모든 것을 창조하는 열쇠는 현재 상황이 그렇게 느끼게 하지 않을 때조차 기분이 조금 더 나은 생각으로 돌아서는 방법을 찾는 거예요. 흐름을 거슬러 행동을 만들어내려고 의지력을 쓰기보다 욕망의 방향으로, 참자아의 방향으로 생각을 돌리는 데 의지력을 쓰는 거예요. 그래서 처음에 당신의 생각은 이럴 수 있어요.

나는 뚱뚱해. (역류)

나는 뚱뚱해지고 싶지 않아. (역류)

과체중인 것이 너무 지겨워. (역류)

내 모습이 마음에 안 들어. (역류)

내 옷이 마음에 안 들어. (역류)

옷 사러 가고 싶지 않아. (역류)

많은 것을 시도해봤어. (역류)

아무것도 나한테 효과가 없어. (역류)

기억하세요. 모든 것을 고칠 필요가 없어요. 그냥 기분이 조금 더 나은 생각을 찾으려고 해보세요.

방법을 찾을 수 있으면 좋겠어. (하류)

살이 빠지면 발도 분명히 편해질 거야. (하류)

다시 말하지만 이것은 세상을 뒤흔드는 말이 아니에요. 하지만 기분이 조금 더 나아지니까 흐름을 따라가는 거예요. 그러면 지금 당신의 일은 끝난 거예요. 체중에 대해 똑같은 오래된 생각을 반복하고 있는 자신을 발견할 때마다 생각을 하류 쪽으로 돌리고 약간의 전환을 느낄 때까지 그 주제에 집중해보세요. 매우 짧은 시간 안에 지금 있는 곳과 원하는 것 사이의 진동적 관계가 나아질 거예요. 이 나아진 진동이 과정에 주는 힘에 놀랄 거예요. 모든 것이 점점 더 쉬워지고 시간이 지나면 원하는 체중이 이뤄져 있을 거예요.

이제 당신이 직장에 있다고 해볼게요. 할 일이 있어서 바빴기 때문에 몸이나 체중에 대해 생각하지 않았어요. 그런데 점심시간이 되어 자판기를 지나가면서 쿠키를 사고 싶은 충동을 느껴요. 돈을 넣고 쿠키가 떨어지고 포장을 풀어요. 그런데 불편한 느낌이 밀려와요.

"또 시작이네." 불편함을 느끼며 말해요.

먹고 싶은 충동은 강하고 이제 쿠키를 크게 한 입 베어 물어요. 강한 실망이 밀려오면서 기분이 더 나빠져요.

그런데 이번에는 전과 조금 달라요. 그동안 체중에 대해 조금씩 기분 나은 생각을 찾아왔기 때문에 그 힘이 쌓여 있는 거예요.

당신은 기억해요. '내가 뭘 하고 있느냐가 아니라 그것을 하면

제3부 32가지, 노를 놓은 사람들의 이야기

서 어떻게 느끼고 있느냐가 중요해.' 그래서 멈추고 쿠키를 보면서 이렇게 말해요.

널 먹으면 안 되는데. (역류)

넌 나를 더 뚱뚱하게 만들 뿐이야. (역류)

그래도 넌 맛있어. (하류)

그리고 넌 그렇게 크지도 않아. (하류)

지금 일부를 먹고 나머지는 나중에 먹을 수 있어. (하류)

선택이 있는 게 좋아. (하류)

의도적인 선택을 하는 게 좋아. (하류)

내 행동을 스스로 결정하는 게 좋아. (하류)

멈춰서 생각했더라면 이 기계에 돈을 그렇게 빨리 넣지 않았을 텐데. (하류)

작은 쿠키 하나 먹는 것에 정말 큰 소동을 피우고 있네. (하류)

넌 맛있는 작은 쿠키야. (하류)

음, 난 쿠키를 즐기고 있어. (하류)

의도적으로 즐기고 있어. (하류)

그리고 때때로 널 먹기로 선택할 거고 때때로 먹지 않을 거야. (하류)

지금은 널 먹을 거야. (하류)

그리고 널 즐길 거야. (하류)

당신은 방금 꽤 특이한 것을 해냈어요. 쿠키를 먹으면서 동시에 날씬해지고 싶은 욕망과 맞도록 자신을 이끈 거예요. 참자아와 맞추고 있어요. 이건 쿠키를 먹느냐 안 먹느냐보다 훨씬 더 중요해요. 그때 아주 날씬한 사람이 기계로 다가와서 쿠키를 꺼내 먹기 시작해요. 지켜보면서 이 사람이 정말로 쿠키를 음미하고 있다는 걸 알 수 있어요.

과거에 날씬한 사람이 쿠키를 먹는 걸 볼 때 당신의 생각은 이랬을 거예요.

불공평해. (역류)

신진대사가 좋아서 맛있는 것을 먹고도 날씬한 거야. (역류)

아마 건강하지도 않을 거고 저게 오늘 먹는 거의 전부일 거야. (역류)

하지만 이번에는 그동안 해 온 진동적 작업 덕분에 이렇게 생각해요.

아, 먹고 싶은 것을 먹으면서도 날씬할 수 있다는 증거네. (하류)

이것은 모두 참자아와의 일치에 관한 거예요. 즉각적으로 측정할 수 있는 눈에 보이는 결과를 찾지 마세요. 대신 기분, 태도, 감정의 개선을 찾으세요. 기분이 나아지면 더 맞춰지고 있는 거예요. 그러면 다른 모든 것이 따라와요. 그것이 법칙이에요.

예시 3. 생각이 멈추지 않는다

"생각을 통제하기가 어렵고 생각하는 것을 끌어당긴다는 걸 아니까 정말 걱정돼요. 끌어당김의 법칙을 알기 전이 더 행복했던 것 같아요. 이제는 생각이 무서워요. 가끔 정말 끔찍한 걸 생각하고 있는 나를 발견하고 그걸 생각했으니까 일어날 거라고 걱정해요."

생각이 무섭다고 느끼고 있다면 아주 좋은 신호예요. 자기 안내 시스템이 작동하고 있다는 뜻이니까요. 두려움을 느낄 때 지금 이 순간의 생각이 참자아가 이 주제에 대해 갖고 있는 생각과 반대라는 거예요. 나쁜 일이 일어나는 걸 생각할 때 참자아가 거기에 함께하지 않는 건 당연해요. 지금 느끼는 두려움은 역류 생각을 하고 있다고 알려주는 안내 시스템이에요. 두려움이 나쁜 일이 곧 일어난다는 뜻은 아니에요. 하지만 지금 역류를 향하고 있다는 뜻이에요. 역류로 오래 향해 있으면 타고난 좋은 느낌을 잃을 수 있어요. 하지만 하류 생각을 습관으로 만드는 건 금방이에요. 조금만 연습하면 노를 놓는 게 얼마나 쉬운지 알게 돼요.

생각을 의도적으로 돌려서 두려움을 꾸준히 놓으면 나쁜 일이 일어나는 건 불가능해요.

꾸준히 기분이 좋고 원하는 것을 향해 흐르면 가까운 사람들이 달라진 당신에게 영향을 받아요. 아이들, 배우자, 부모, 형제, 친구에게 긍정적으로 영향을 줄 수 있어요. 두려움을 두려워하지 마세요. 이해하고 그 안내에서 도움을 받으세요. 두려움은 단순히 역류로 향하고 있다는 뜻이에요. 그리고 정말로 나쁜 창조가 일어나려면 아주 오랜 시간 동안 아주 꾸준히 역류로 향해야 해요.

부정적인 일이 일어나도 다시 정비하고 다시 집중해서 다음에 다르게 만들 힘이 있어요.

많은 사람이 두려움은 자연스러운 거라고 말하면서 자기 삶이나 주변 사람 삶에서 일어난 나쁜 일을 가리키며 당연하다고 해요. 하지만 하나의 부정적인 경험에서 다음으로 넘어가는 이유는 간단해요. 첫 번째 안 좋은 일이 일어났을 때 거기에 많이 집중해서 두 번째를 만드는 거예요. 그렇게 계속돼요. 대부분은 눈앞에 보이는 것에 반응해서 생각을 내보내요.

어떤 사람들은 끈질기게 물어요. "그러면 첫 번째 안 좋은 일은 어떻게 일어난 건가요?" 답은 이거예요. 당신에게 일어나는 모든 것은 꾸준한 생각과 감정의 결과일 뿐이에요. 또 어떤 사람들은 이렇게 말해요. "어린아이들은요? 어떻게 그렇게 나쁜 걸 만들어 낼 수 있나요?" 어린아이가 말을 못 해도 진동을 내보내지 않는 순간은 없어요. 끌어당김의 법칙은 그 진동에 반응해요. 우리 모두 주변 환경에서 진동을 배워요. 어머니 뱃속에 있을 때도 어머니와 그 환경에서 진동을 받아들이고 있었어요. 하지만 과거에 영향을 미친 것 때문에 불행할 이유는 없어요. 바로 지금 여기서 나은 생각을 선택할 완전한 힘이 있으니까요.

이제 이해하잖아요. 삶의 흐름을요. 느끼는 방식으로 원하는 것을 향해 하류로 가고 있는지, 저항 속에서 역류로 가고 있는지 항상 알 수 있다는 걸요. 이걸 아는 이상 다시는 모르는 사이에 부정적으로 끌려가지 않을 거예요. 이 몸으로 나오기로 결정했을 때 온갖 생각의 뷔페 속에 놓일 거라는 걸 알고 있었어요. 그중 일부는 마음에 들고 일부는 아닐 거라는 것도요. 하지만 태어나는 환경에 갇히길 바란 사람은 아무도 없었어요. 그때는 자기 안내 시스템의 힘과 선택할 수 있는 다양성의 가치를 알고 있었으니까요. 지금 다시 기억하고 있듯이요. 조금만 연습하면 생각이 더 이상 무섭지 않을 뿐 아니라 거기서 기쁨을 얻게 돼요. 더 넓은 관점과 맞도록 생각을 돌린 그 순간보다 더 짜릿한 순간은 없으니까요.

참자아의 눈으로 세상의 사람, 장소, 경험을 볼 때 그것들은 무섭지 않아요. 기쁨이에요! 있는 자리에서 시작하고 더 좋은 생각의 안도감을 찾으세요.

나는 생각 통제를 잘 못해. (역류)

하루 종일 안 좋은 생각 속에 빠져 있는 나를 발견해. (역류)

하지만 가끔 아주 긍정적인 걸 곰곰이 생각하기도 해. (하류)

긍정적인 주제도 마음속에서 커진다는 걸 알아차렸어. (하류)

끌어당김의 법칙이 지금 활성화된 생각과 비슷한 생각을 더 가져다준다는 게 보여. (하류)

어떤 생각을 활성화할지 더 의도적으로 고를 수 있어. (하류)

원하지 않는 걸 알면 원하는 것도 알게 돼. (하류)

더 긍정적인 쪽으로 의도적으로 기울 수 있어. (하류)

내 삶에 일어나고 있는 긍정적인 일이 많아. (하류)

부정적인 것보다 긍정적인 일이 더 많이 일어나고 있어. (하류)

그건 내 생각이 이미 긍정적인 쪽으로 기울고 있다는 뜻이야. (하류)

모든 생각이 완벽하게 긍정적일 필요는 없어. (하류)

긍정적인 생각만 하는 건 가능하지도 않아. (하류)

내 할 일은 그냥 긍정적인 쪽으로 기우는 거야. (하류)

그렇게 하고 있는 것 같아. (하류)

몇 주 전보다 지금 훨씬 잘하고 있어. (하류)

생각을 내가 이끌고 있어. (하류)

요즘 기분이 나아질 뿐 아니라 일도 더 잘 풀려. (하류)

이제 찾아야 할 증거가 바뀐 조건이 아니라 나아진 느낌이라는 게 보여. (하류)

꾸준히 나아진 느낌이 나아진 조건의 시작이 될 거라는 것도 알아. (하류)

창조의 과정을 이해할 뿐 아니라 효과적으로 쓰고 있어. (하류)

예시 4. 나이 드는 게 두렵다

"저는 70대이고 젊었을 때 했던 많은 것을 더 이상 하지 않지만 사실 평생 느꼈던 것과 크게 다르지 않아요. 확실히 다르게 보이지만 그렇게 다르게 느끼지는 않아요. 최근에 얼마나 많은 사람이 '나이'와 '노년'을 입에 올리는지 느끼고 있어요. TV 코미디언들은 '노인' 질병을 갖고 끈질기게 웃겨대고 솔직히 신경 쓰여요. 앞으로 행복하고 생산적인 해가 많다고 믿지만 나이에 대해 기분이 나빠지고 있어요. 어쩌면 우울해지기까지.'"

영원한 존재가 삶의 짧음에 대해 말하는 걸 들으면 재미있기도 해요. 물론 우리가 당신을 보는 완전하고 넓은 시각으로 자기 자신을 보고 있지 않다는 건 이해해요.

대부분의 사람이 자기에 대해 가진 인식은 이 몸으로 들어온 순간부터 이 몸에서 나가는 순간까지만 뻗어 있어요. 오래 살수록 그 퇴장에 더 가까워졌다고 생각할수록 더 불편해져요. 그 퇴장이 또 다른 입장일 뿐이라는 걸 알기만 한다면 그 불편함은 영원한 모험의 짜릿한 감각으로 바뀔 거예요.

존재의 영원한 본성에 대해 매일 하루 종일 이야기할 수 있지만 물론 당신은 보이는 것만 봐요. 지금 집중하고 있는 이 시공간 현실은 '진짜 삶'이라고 부를 만큼 생생해요. 마치 우리를 포함한 비물질적 부분은 진짜가 아니라는 것처럼요.

하류와 역류 비유를 적용하면서 의도적으로 나은 생각을 찾아가다 보면 결국 물질적 존재의 진동이 더 넓은 관점과 맞게 돼요. 그렇게 되면 더 넓은 영원한 나를 입으면서 물질적 입장과 퇴장의 경계가 흐릿해지고 중요하지 않아져요.

더 넓은 나를 온전히 흐르게 하면서 지금 이 순간에 기쁘게 집중하고 기쁜 경험의 보석을 찾아 이 순간을 탐험할 때 영원한 본성이 자리 잡으면서 부족함의 모든 느낌이 사라질 거예요. 지금

이 순간이 너무 맛있고 매력적이어서 과거를 그리워하며 뒤돌아보거나 미래가 짧다고 느낄 시간도 관심도 없을 거예요. 영원히 살아 있고 영원히 삶을 산다는 걸 느끼기 시작할 거예요.

당신이 얼마나 '늙었는지' 전혀 몰라요. 하지만 느끼는 대로 느끼고 그것에 대해 뭔가 할 수 있는 사람은 오직 당신뿐이에요. 이 주제의 가장 좋은 점은 행동으로 바꿀 수 있는 게 정말 없다는 거예요. 다른 사람에게 행동을 바꾸라고 할 수도 없고 달력을 되돌릴 수도 없어요. 하지만 더 넓은 관점과 맞는 방식으로 나이 주제에 접근하는 방법을 찾을 수 있어요. 그렇게 하면 즉시 기분이 나아질 뿐 아니라 남은 삶이 경이와 기쁨으로 가득 찰 거예요.

있는 자리에서 시작하고 점점 나은 생각을 찾으세요.

코미디언들이 노인을 웃음거리로 삼는 게 싫어. (역류)

너무 무례해. (역류)

누구 감정을 상하게 하든 신경도 안 써. (역류)

언젠가 그들도 늙을 거라는 걸 생각하면 좀 통쾌해. (하류)

늙긴 늙을 거야. 트럭에 치이지 않는 한. (하류)

그 생각도 좀 만족스럽네. (하류)

그들에게 나쁜 일이 생기길 바라는 건 아니야. 그냥 이해해줬으면 하는 거야. (하류)

다른 사람이 상처받는 건 좋아하지 않아. (하류)

하지만 사람들은 다양한 이유로 상처받아. (하류)

때로는 뚜렷한 이유 없이도. (하류)

상처받지 않게 세상을 통제하는 건 불가능해. (하류)

내 감정을 위해 다른 사람이 바뀔 필요는 없어. (하류)

그건 내가 직접 돌볼 수 있어. (하류)

다른 사람들이 상처받지 않게 지켜주고 싶었나 봐. (하류)그들의 감정은 그들 몫이라는 걸 알아. (하류)

코미디언들은 대중의 아픈 곳을 찌르는 데 귀신이야. (하류)

나아지기 전에 항상 내 안에서 먼저 찔린다는 걸 배우고 있어. (하류)

뭐가 재미있는지 귀 기울이고 그렇게 예민한 건 그만둘 거야. (하류)

예시 5. 남편이 이혼을 원한다

"10년간 결혼 생활을 해왔는데 지난달에 남편이 이혼을 원한다고 했어요. 오랫동안 생각해왔고 미루는 게 의미가 없다고요. 우리 관계가 완벽과는 거리가 멀다는 건 알았지만 그가 떠나고 싶을 만큼 불행했다는 건 전혀 몰랐어요. 그 주에 그는 자기 집으로 이사 갔어요. 설득하려고 했지만 말하기 전에 이미 굳게 결심한 거라 돌아오지 않을 거라는 걸 알 수 있었어요. 삶을 계속하려고 하는데 내 삶의 너무 많은 부분이 그에게 묶여 있었어요. 함께 알던 친구들을 만나는 게 불편하고 좋아하던 식당에 가는 것도 견딜 수 없고 심지어 같이 보던 TV 프로그램도 고통스러워요. 내 삶에서 길을 잃은 기분이에요."

당신 상황에 있는 대부분의 사람이 들을 준비가 안 됐고 듣고 싶지 않은 말로 시작할게요. 하지만 이걸 들을 수 있다면 강렬한 고통에서 빠져나가는 빠른 길이 될 거예요.

당신의 슬픔은 당신 안의 진동적 모순에서 온 거예요. 그리고 당신이 고칠 수 있어요.

보통 슬퍼하는 사람들은 이렇게 말해요. "당연히 슬프죠. 나한테 무슨 일이 일어났는지 보세요." 남편이 떠난 것과 슬픔 사이의 연결은 당연히 이해해요. 하지만 그가 당신 삶에서 아무리 중요한 사람이라 해도 지금 그의 행동에 대한 당신의 반응보다 훨씬 더 큰 무언가가 여기서 일어나고 있어요.

평생에 걸쳐(심지어 태어나기 전부터) 당신은 중요한 관계에 관해 원하는 것을 쌓아왔어요. 그 창조는 상세하고 강력하고 실재해요.

그래서 오늘 남편의 행동이나 이 관계의 부재에 집중하면 극도로 강한 하류 물살을 거슬러 올라가는 거예요.

당신의 슬픔은 이 한 사람이 떠났기 때문만이 아니에요. 강력한 창조, 의도, 진동적 현실을 거스르고 있기 때문에 생겨요. 물살이 이렇게 강하게 흐르는데 그걸 거스르면 부정적인 감정이 극도로 강해요.

지금 느끼는 이 강렬한 슬픔은 이 사람이 떠나서가 아니에요. 이 고통은 당신의 현재 생각이 당신 안에 살아 있고 건강하게 기다리고 있는 아주 강력한 관계의 창조를 거스르고 있다는 신호예요.

관계의 상실로 고통받는 모든 사람에게 외치고 싶어요. 당신이 진짜 원하는 관계, 삶의 매일 만들어왔고 더해왔고 심지어 이 관계가 무너지는 과정에서도 다듬어온 그 관계는 여전히 당신 안에 쌓여 있어요. 하지만 지금 이 고통은 그것을 향해 가고 있지 않고 그것에서 멀어지고 있다는 뜻이에요.

당신의 고통은 이 사람이 떠난 것에 대한 게 아니에요. 그의 행동에 대한 집중이 아주 오랫동안 만들어온 관계의 꿈과 반대 방향으로 당신을 향하게 만든 거예요.

모든 것이 어떻게 창조되는지를 온전히 의식하고 당신 안에 쌓인 것과 지금 생각의 방향을 알려주는 감정 안내 시스템을 이해하

151

면 다시는 다른 사람의 행동에 인질로 잡히지 않을 거예요.

누군가가 문밖으로 나갈 때 그건 그냥 문밖으로 나가는 사람이에요. 꿈의 끝도 아니고 창조의 끝도 아니고 삶의 끝도 아니에요. 원하는 것과 원하지 않는 것에 대해 훨씬 더 선명해지게 해주는 또 하나의 경험이에요. 훨씬 더 기쁜 것을 내 안에 쌓을 또 하나의 기회예요.

당신이 자기 현실을 스스로 창조하고 원하는 무엇이든 되고 하고 가질 수 있다고 설명하면 이런 질문이 나와요.

"그러면 내가 정말 원하는 사람이 남편이니까 남편이 돌아올까요?"

물론 당신이 살고 싶은 삶의 그림과 다시 일치하게 되면 이 남자와 이 관계가 원하는 것에 도달하는 가장 쉬운 길이 될 수 있어요. 실제로 종종 그렇게 돼요. 하지만 이 시점에서 이 남자가 당신과 당신의 행복에 아무리 중요하게 느껴져도 이 특정한 사람은 사실 관련이 없다는 걸 알아주세요.

관련 있는 유일한 것은 내 안에 쌓인 것과 진동적으로 일치하는 거예요. 그렇게 하면 우주는 완벽한 짝을 가져다줄 수밖에 없어요. 나와 참자아 사이의 관계가 먼저 해야 할 일이에요. 그게 일치하면 나머지도 전부 일치해요.

배우자가 떠나면서 생각이 역류로 향했지만 당신은 충분히 강

감정이 알려주는 것들

해요. 그 생각들이 올라올 때 하나씩 잡아서 하류로 돌릴 수 있어요. 이렇게 강렬한 상황에서도 할 수 있어요. 그렇게 하면 훨씬 기분이 나아지고 원하는 것이 현실이 될 거예요.

실패한 관계 대부분에서 잘못되는 핵심은 한쪽이나 양쪽이 자기 행복의 책임을 상대에게 넘긴다는 거예요. 대부분의 사람이 파트너에게 이런 말을 해요. "나는 행복하고 싶어. 당신이 이렇게 하면 행복해. 그러니까 나를 행복하게 해주는 걸 항상 해줄 거라고 믿을게."

행복이 다른 누군가가 하는 것에 달려 있다고 믿으면 엄청난 고통을 준비하는 거예요. 다른 누구도 당신을 일치된 상태로 유지할 만큼 충분히 행동해줄 수 없으니까요. 오직 당신만이 하류 선택을 통해 그걸 할 수 있어요. 다른 누구도 당신이 쌓아온 것을 이해하기 시작조차 할 수 없어요. 다른 사람의 행동에 의지해서 행복을 유지하려는 건 말 그대로 불가능한 걸 요구하는 거예요.

파트너가 느끼는 자유의 부재는 숨막혀요. 당신의 행복이 자기한테 달려 있다고 느끼면요. 그래서 대부분의 사람처럼 그는 더 많은 숨 쉴 공간과 자유를 찾아 관계를 떠나요.

하지만 누군가가 이렇게 말한다면 느껴질 하류의 편안함을 느껴보세요.

153

"당신과 함께 있는 게 좋고 지금 당신 곁에 있는 게 정말 좋아요. 그리고 참고로 내가 느끼는 방식에 대해서는 항상 내가 온전히 책임져요. 무슨 일이 있어도 진짜 나와 일치하고 기분 좋은 상태를 유지하도록 생각을 돌릴 힘이 나한테 있어요. 그러니 당신은 끌리는 대로 자유롭게 살아도 나는 괜찮아요. 당신과 함께 있고 함께 살고 함께 사랑하는 게 좋아요. 하지만 내 행복은 내 책임이에요."

자유와 기쁨을 추구하는 파트너는 그런 관계 안에서 번성해요. 이런 이해가 영원히 기쁜 관계의 기반이 되니까요. 두 사람이 함께 끝없이 살고 사랑하고 확장할 수 있다는 걸 이해하면 떠나서 다른 곳으로 갈 이유가 없어요. 대부분이 그토록 간절히 원하는 자유가 바로 지금 있는 곳에 완전히 있으니까요.

진짜 나와 다시 일치하고 참자아가 부르고 있는 것과 일치할 때 이 남자가 쉽게 당신의 경험으로 다시 흘러들어올 수 있어요. 하지만 그건 정말로(지금 이 말을 듣고 싶지 않다는 걸 알지만) 관련이 없어요.

일치해서 꾸준히 하류로 흐르기 시작하면 꿈의 관계가 당신에게 올 수 있어요. 보면 알 거예요. 그 뒤에 어떤 얼굴이 있는지는 중요하지 않아요. 그 관계의 모든 것이 평생 원한다고 확인해온

감정이 알려주는 것들

것과 완벽하게 맞을 테니까요. 겪어온 모든 소위 실패한 관계가 당신 안에 쌓인 것을 키워줬어요. 그건 당신을 위해 준비되어 있어요.

질문은 하나뿐이에요. 당신은 그것을 위해 준비됐나요?

있는 자리에서 시작하세요. 다른 선택이 없으니까요. 점점 더 나은 생각을 찾아보세요.

뭘 해야 할지 전혀 모르겠어. (역류)

침대에서 나가고 싶지 않아. (역류)

가족이나 친구를 보고 싶지 않아. (역류)

그냥 혼자 내버려뒀으면 좋겠어. (역류)

무력함과 버림받은 느낌의 이 말들은 분명히 역류예요. 하지만 과정을 시작할 때는 완전히 정상이에요. 이런 말을 꺼내는 게 도움이 돼요. 지금 있는 곳의 진동이 선명해지니까요. 내가 어디에 있는지 알면 좋은 점이 있어요. 기분이 나은 생각을 찾으려는 순간 바로 진동의 개선을 느낄 수 있다는 거예요.

이 관계에 내 삶의 큰 부분을 바쳤어. (역류)

서로에게 평생을 약속한 줄 알았어. (역류)

나는 항상 약속을 지켜. (하류)

나는 절대 그가 한 짓을 하지 않을 거야. (하류)

나는 이런 대우를 받을 사람이 아니야. (하류)

이 말들은 약간의 개선이에요. 여전히 무력함이 섞여 있지만 반격하려고 힘을 모으면서 조금 기분이 나아지고 있어요. 하류의 어떤 것이든 무력함보다는 나아요.

당신이 무력함에서 분노로 옮겨가는 걸 보는 다른 사람들은 아마 분노에 대해 걱정할 거예요. 하지만 그들은 진동의 개선을 측정할 수 없어요. 당신이 느끼는 무력함을 느끼지 않으니까 그들 입장에서는 분노가 역류로 보일 수 있어요.

하지만 이건 그들의 흐름이 아니라 당신의 흐름이에요. 어떤 생각이 안도감을 주는지는 오직 당신만 알아요. 분노와 복수 모드에서 며칠이나 몇 주를 보낼 수도 있어요. 하지만 그럴 필요는 없어요. 느끼는 방식을 지금 당장 선택할 수 있다는 걸 깨달으면 분노와 복수의 불편한 자리에 머물 이유가 없으니까요.

참고할 것이 있어요. 무력함의 자리에서 분노나 복수의 감정은 더 편안해요. 하류예요. 하지만 좌절의 자리에서 분노의 감정은 덜 편안해요. 역류예요. 계속해서 더 큰 안도감과 편안함의 생각을 찾는 게 당신이 할 일이에요. 그래서 무력함을 분노로 바꾸는 것이 하류로 가는 다음 단계일 수 있어요.

감정이 알려주는 것들

나는 이런 대우를 받을 사람이 아니야. (하류)

나와 함께 있고 싶어 하는 파트너를 만날 자격이 있어. (하류)

다른 곳에 있고 싶어 하는 사람한테 매달릴 생각 없어. (하류)

내 삶은 약속을 지키지 못하는 이 사람에게 달려 있지 않아. (하류)

삶은 그런 사람에게 낭비하기엔 너무 짧아. (하류)

대인 관계에 관해 수천 권의 책이 쓰여졌어요. 학자들과 상담사들이 다양한 태도나 행동의 적절함을 지적하면서요. 하지만 대부분이 완전히 놓치는 게 있어요. 어떤 주제에 대해서든 하나의 옳은 태도나 의견은 없다는 거예요. 두 가지 이유 때문이에요.

첫째, 지금 서 있는 곳에서 모든 생각에 접근할 수 있는 건 아니에요. 생각의 적절함은 오직 지금 서 있는 곳에서만 의미가 있어요.

다른 누구도 어떤 생각이 당신에게 맞는지 몰라요. 하지만 당신은 알아요. 감정 안내 시스템이 말해주고 있으니까요. 분노라는 개선된 느낌을 찾았으니 여기서 더 나아가볼게요.

어떤 면에서는 끝나서 다행이야. (하류)

적어도 지금 서로 소리 지르지 않아. (하류)

이제 다 드러났으니 이상한 안도감이 느껴져. (하류)

지금 당장 모든 걸 알아낼 필요는 없어. (하류)

지쳤어. (하류)

이 안도감을 느껴보세요. 일어난 일에 대한 체념과 있는 그대로의 수용에 도달했어요. 여기서 중요한 건 '밀어붙이기'가 줄었다는 거예요. 저항이 줄어든 만큼 흐름이 당신을 투쟁 없이 하류로 데려가도록 허용하고 있어요.

일은 저절로 풀리는 법이 있어. (하류)

나는 항상 살아남았어. (하류)

결국 균형을 찾게 될 거야. (하류)

희망의 느낌이 올라오기 시작해요. 여기서부터는 정말 부드럽게 흘러가요. 스스로를 희망의 느낌까지 데려온 걸 해냈다면 꿈의 힘, 진짜 나의 힘이 당신을 앞으로 불러줄 거예요. 그저 기분이 나아지려고 노력한 것만으로 여기서 많은 걸 이뤄낸 거예요.

삶의 많은 부분에 영향을 미치는 이런 큰 상황에서는 이미 지나온 역류 생각들로 되돌아가는 자신을 발견할 수 있어요. 친구나 가족에게 이야기하고 싶은 충동이 들 수 있고 그러면서 분노나 심지어 우울함을 다시 깨울 수 있어요.

하지만 이 주제에 관해 훨씬 나아진 감정까지 의식적으로 도달한 적이 있으니까 이제 다시 할 수 있다는 걸 알고 있어요. 그리고 이 길을 따라가면서 자기 이야기를 방어적으로 늘어놓을 필요 없이 자신이 더 중요하다고 느끼게 돼요. 삶이 확인시켜준 원하는 모든 것을 향한 하류 움직임이 계속될 거예요.

예시 6. 짝을 찾을 수가 없다

"오랫동안 관계에 정착할 준비가 되어 있었는데 맞는 사람을 찾을 수가 없어요. 사실 저한테 진지하게 다가온 사람들과 많이 만나봤지만 그런 느낌이 안 들었어요. 이제는 정말 좋아하는 사람을 못 찾을까 봐 누군가를 만나는 것 자체가 두려워요. 거절해서 상대 감정을 상하게 하고 싶지도 않고요. 진지하게 찾지 않던 때가 오히려 편했는데 이제는 어떻게 해야 할지 모르겠어요. 안 만나면 찾을 가능성이 낮고 만나봐야 잘 안 풀려요."

정말로 뭔가를 원하는데 그 반대를 보고 있으면 부정적인 감정을 느껴요. 정말로 뭔가를 원하는데 이룰 수 없다고 믿을 때도 마찬가지예요. 하지만 별로 신경 쓰지 않는 것에 모순되는 생각이 떠오르면 그렇게 괴롭지 않아요. 모르는 사람이 전화해서 "이번이 마지막 전화예요"라고 해도 아무 감정이 안 드는 것처럼요.

뭔가에 대한 욕망이 강하면 그 주변의 감정도 강해요. 욕망을 향해 하류로 흐르는 생각에 집중하면 강하게 좋은 감정을 느껴요. 하지만 역류로 향하고 욕망에서 멀어지는 생각에 집중하면 강하게 나쁜 감정을 느껴요.

의미 있는 오래된 관계에 대한 욕망이 시간이 지나면서 아주 강해졌고 그건 좋은 거예요. 잘 될 거라는 긍정적인 기대 속에서 완벽한 짝을 바로 당신에게 데려올 상황과 사건이 일어날 거예요.

하지만 짝이 나타나길 간절히 원하는 많은 사람이 여기서 잘못돼요. 누군가에게 집착하면서 이 사람을 완벽한 짝으로 만들려고 억지로 밀어붙여요. 그러다 잘 안 되는 증거가 보이면 하류 방향을 잃고 상황은 점점 나빠져요.

관계에 대해 좀 덜 심각하고 더 가볍게 다가갈 수 있다면 어떨까요. 만나는 사람마다 '내가 찾는 그 사람인가?'를 따지지 말고 그냥 '오늘 함께 밥 먹는 즐거운 사람' '대화가 재밌는 사람' '오늘 같이 좋은 시간을 보내는 사람'이라고 생각하는 거예요. 그러면 만남을 자기 욕망을 거스르는 핑계로 쓰지 않게 돼요. 우주는 당신이 찾는 만남을 더 쉽고 빠르게 가져다줄 거예요.

우주의 법칙과 삶의 흐름을 신뢰하면 찾는 모든 것을 발견하게 돼요. 하지만 내 힘으로 만들어내야 한다는 믿음에 매달리면 역류에 자신을 붙잡아두고 원하는 것에서 멀어져요.

함께 시간을 보내는 사람들에 대해 진짜 가벼운 마음이면 비슷하게 가볍고 통하는 사람들을 끌어당겨요. 하지만 만나는 사람마다 꿈의 짝인지 진지하게 따지면 똑같이 따지는 사람들을 끌어당기고 계속 서로 실망하게 돼요.

사람을 만나는 것 자체에 기분 좋은 마음으로 나가세요. 평생 관계로 만들려 하지 말고 오늘 가질 재미와 즐거움을 기대하면서요. 그러면 관계에서 진짜 원하는 것과 진동이 일치하는 상태를 유지할 가능성이 훨씬 높아요. 우주는 완벽한 짝을 더 빨리 데려올 거예요.

누군가를 찾는 것에 긴장하고 걱정할 때, 또는 나한테는 그런 느낌이 아닌데 나를 원하는 사람 때문에 걱정할 때 찾고 있는 것의 반대 방향을 향하고 있는 거예요. 원하지 않는 바로 그것과 진동이 일치하니까 원하지 않는 바로 그것이 계속 일어나요.

이 강력한 이해의 단순함을 받아들이기 어려울 때도 있지만 정말 이렇게 간단해요. 이 사람이 꿈의 상대가 아니더라도 지금 이 데이트에서 즐거운 시간을 보내고 기분이 좋다면 원하는 것을 향해 하류로 가고 있는 거예요. 하지만 이 사람은 나한테 안 맞는다고 생각하거나 내가 선택하지 않을 테니 상대가 슬퍼할까 걱정하느라 즐기지 못하고 있다면 하류로 가고 있지 않아요. 간극을 좁히고 있지 않아요.

원하는 것에 도달하려면 그것이 지금 눈앞에 없는 것처럼 보일 때조차 기분 좋게 느끼는 방법을 찾아야 해요. 지금 기분이 안 좋을 이유야 끝없이 있을 수 있어요. 하지만 그 이유들은 최소화하고 기분 좋아지는 방법을 찾으세요. 일관되게 기분이 좋아질 수 있을 때까지는 간절히 원하는 그곳에 도달할 수 없으니까요.

모든 데이트에서, 만날 수 있는 사람과의 모든 대화에서, 상대에 대한 모든 생각에서, 관계에 대한 모든 생각에서 하류로 흐르기로 결심하세요. 생각이 자연스럽게 하류로 돌아설 때까지 안도감을 연습하세요.

그러면 상쾌하게 기분 좋은 삶을 살 뿐 아니라 다른 행복한 사람들이 당신에게 몰려들기 시작해요. 즐겁게 함께 시간을 보낼 사람들이요. 그리고 아주 짧은 시간 안에 누군가가 쉽고 자연스럽게 나타날 거예요. 당신들 둘 다 서로가 서로의 답이라는 걸 알게 될 거예요.

그때가 오면 게임은 없어요. 서로 밀당하지 않아요. 잡기 어려운 척하거나 "사랑해, 그런데 이것만 나를 위해 바꿔줘"라고 말하지 않아요. 서로를 평생에 걸쳐 만들어온 완벽한 질문에 대한 완

감정이 알려주는 것들

벽한 답으로 바라볼 거예요. 둘 다를 채우고 둘 다에게 도움이 되며 계속 확장하고 만족스러운 관계가 될 거예요.

지금 유일한 목표는 하류 생각에서 안도감을 찾는 거예요. 있는 자리에서 시작하고 느끼는 방식의 개선을 찾아보세요.

맞는 짝을 찾기가 어려워. (역류)

다른 사람들은 나를 원하는데 나는 그들을 원하지 않아. (역류)

감정을 상하게 하고 싶지는 않지만 원하는 것보다 못한 데서 타협하고 싶지도 않아. (역류)

역류 생각으로 시작하는 건 자연스러워요. 이제 기분이 나아지는 생각을 찾아보세요.

모든 데이트를 평생 파트너 오디션으로 만들 필요는 없잖아. (하류)

여러 이유로 사람들을 알아가는 게 좋아. (하류)

만나는 사람들이 정말 흥미로워. (하류)

내 선택지를 탐색하는 게 즐거워. (하류)

평생 파트너에 대한 내 그림은 그동안 해온 데이트에서 자라났어. (하류)

만났던 사람들 하나하나가 내가 원하는 것의 그림에 뭔가를 더 해줬어. (하류)

삶의 모든 경험이 내 아이디어와 욕망을 키워줘. (하류)

이 과정이 얼마나 자연스러운지 느껴져. (하류)

왜 이걸 그렇게 복잡하게 만들려고 했는지 모르겠어. (하류)

이 생각들 하나하나가 더 큰 안도감을 가져와요. 그리고 가치 있는 일이 일어나고 있어요. 당신은 곧 경험 속으로 흘러들어올 흥미로운 여성들의 완전히 새로운 무리를 맞이할 준비를 하고 있어요. 이 사람들은 새롭고 중요한 방식으로 달라요. 당신처럼 탐색하고 경험을 모으고 재미와 좋은 대화를 찾는 사람들이에요. 궁핍하거나 절박하지 않아요. 자신감 있고 스스로를 믿으며 삶을 즐기는 데 관심이 있는 사람들이에요.

이 더 나아진 무리 안에 찾는 사람이 있을 수도 있고 또 다른 더 나은 무리로 이어질 수도 있어요. 하지만 오래 걸리지 않을 거예요. 당신이 그녀를 원하는 사람으로 알아보는 바로 그 순간 그녀도 당신을 알아볼 거예요. 그리고 그 만남 앞에서 지난 모든 데이트와 지난 모든 여자친구에게 감사하게 될 거예요.

예시 7. 그가 떠났다

"지난 2년간 함께 살던 남자친구가 이사 나갔어요. 모든 것에 동의하지는 않았고 어떤 것들로 싸우기도 했지만 아주 심각한 건 아니었어요. 괜찮은 줄 알았는데 더 이상 함께 있고 싶지 않다니 믿을 수가 없어요. 다른 사람이 있는 건 아니라고 맹세하지만 누군가를 사랑한다면서 어떻게 갑자기 아무 이유 없이 나갈 수 있어요?"

관계를 원하는 대부분의 사람은 평범한 관계라도 없는 것보다 낫다고 믿지만 우리는 동의하지 않아요. 영광스러운 관계의 가능성은 항상 있기 때문에 그보다 못한 것에 타협하라고 절대 말하지 않아요. 당신 안의 진동이 섞여 있어서 그렇게 느끼는 거예요. 두 사람이 어떤 것에 대해 정확히 같은 방식으로 느끼는 일은 없다는 걸 기억하세요. 겉보기에 같은 경험을 나누고 있어도 각자의 진동이 다르기 때문에 한 사람은 즐기고 다른 사람은 즐기지 않을 수 있어요. 다른 사람이 원하는 걸 알아내서 그 욕망을 맞춰주려고 애쓰기보다 자기가 원하는 것을 향해 생각을 이끄는 게 훨씬 생산적이고 만족스러워요.

살면서 겪는 모든 것이 자기 안에 원하는 것을 꾸준히 쌓아요. 원하지 않는 일이 일어날 때마다 대신 원하는 것에 대한 요청을 보내는 거예요. 연인이 떠났으니 함께 있고 싶어 하는 누군가에 대한 요청이 전보다 더 강하고 선명하게 들어간 거예요. 이 삶의 많은 경험이 요청하게 했고 그래서 자기 안에 멋진 관계가 만들어져서 충족을 향해 부르고 있어요. 하류 생각을 찾을수록 이 욕망의 실현에 더 가까워져요.

하지만 오늘 마음이 아프면서 역류하고 있고 기다리고 있는 그 관계에 가까워지도록 자신을 놓아주지 못하고 있어요. 관계에서 겪은 안 좋은 일들이 오히려 멋진 관계가 기다리고 있는 이유라고 하면 사람들은 놀라요. 하지만 안 좋았던 일들을 계속 되새기면 그 멋진 창조를 발견하지 못하게 자기를 막는 거예요. 어떤 사람은 이렇게 말할 수 있어요. 갑자기 떠난 것 같지만 관계가 무너지는 징후가 있었을 거고 더 잘 살폈다면 더 일찍 잡아서 돌릴 수 있었을 거라고요. 하지만 우리는 이것을 못 본 게 오히려 기뻐요. 문제를 찾고 있지 않았다는 뜻이니까요. 관계의 좋은 면에 주로 집중하고 있었다는 것도 알 수 있어요.

질문: "주로 긍정적인 생각을 하고 있었다면 왜 그가 떠났어요?"

이건 정말 이해해 주세요. 주로 기분이 좋을 때 모든 것이 궁극적인 만족을 향해 맞춰지고 있어요. 기복이 있는 삶이 자기 안에

감정이 알려주는 것들

멋진 미래를 만들었고 거기로 불려가고 있어요. 기분이 좋을 때마다 그 멋진 미래가 당신에게 오고 있고 당신도 거기로 가고 있어요. 간단히 말해서 어떤 이유로든 당신 경험에서 나가는 사람은 자기 안에 만들어진 멋진 미래와 맞지 않았던 거예요.

이것도 생각해 보세요. 가능한 모든 면에서 그를 기쁘게 하고 싶어서 남자친구를 면밀히 살피고 있었다고 해봐요. 그가 불행해지기 시작하고 관계에 완전히 만족하지 않는다는 걸 알아차렸다고요. 그의 불행을 보면서 걱정이 시작되고 그를 행복하게 만들려고 점점 더 애를 썼다고요. 여기서 가장 중요한 걸 이해해 주세요. 불행에 집중하는 순간 자기 욕망과 맞지 않게 돼요. 하류가 아니라 역류로 가는 거예요.

진짜 원하는 것이 아니라 그의 불행과 맞춰진 거예요. 그 상태에서는 아마 그를 더 오래 붙잡고 있었을 거예요. 남자 친구의 불행에 집중하면서 조건을 바꿔서 그를 행복하게 만들려고 애쓰는 동안 사실 참자아와 진짜 원하는 것에서 더 멀어지고 있는 거예요. 그를 달래서 더 오래 머물게 했다면 많은 사람은 그걸 성공이라고 생각해요.

하지만 더 크게 보면 자기 대신 그를 기쁘게 하려고 애쓴 거예요. 그 상태가 계속되면 시간이 지나서 떠나고 싶어지는 사람은 당신이에요. 그의 불편함을 보지 않고 관계의 좋은 면에 계속 집

제3부 32가지, 노를 놓은 사람들의 이야기

중함으로써 관계에 대한 진짜 비전에 충실했어요. 그가 그 비전과 맞지 않으니 떠나고 있는 거예요. 약속할게요, 그건 나쁜 게 아니에요.

주변 사람이 흔들리고 심지어 떠나고 있을 때도 꾸준히 기분이 좋으면 진짜 원하는 것이 반드시 찾아와요. 이제 더 어렵겠지만 그의 불행이 당신에게 영향을 주지 않았던 것처럼 그가 떠나는 것도 당신을 흔들지 않게 할 수 있다면 줄곧 만들어온 관계가 올 거예요. 할 일은 다시 같아요. 좋은 면을 찾는 거예요. 누구의 드라마에도 끌려가지 마세요. 다른 사람의 어긋남을 달래주려고 물구나무서지 마세요. 맞지 않는 것들이 떠나게 놓아주는 게 나아요. 지금 느끼는 이 고통은 여러 겹이에요. 중요한 것 여러 가지에 닿으니까요. 사랑을 원하는데 사랑받지 못한다고 느끼고, 안정을 원하는데 불안하고, 소중히 여겨지길 원하는데 버림받았다고 느껴요.

연인이 떠난 직후에 기분 좋은 생각을 찾기 쉽지 않다는 건 알아요. 하지만 그래도 그게 가장 중요한 목표여야 해요. 끌어당김의 법칙은 당신의 진동과 일치하는 상황, 사건, 사람을 맞춰주고 있어요. 그래서 의도적으로 진동을 선택하면, 특히 자기 안에 쌓인 것과 일치하는 진동을 선택하면, 완벽한 짝이라고 느끼는 누군가가 반드시 와요. 반대로 진짜 원하는 연인과 맞지 않는 상태에 있으면 지금 느끼는 방식과 일치하는 연인을 끌어당겨요. 버림받았다고 느끼면 같은 방식으로 행동할 또 다른 사람만 끌어당길 수 있어요.

생각하는 것보다 훨씬 적은 시간과 노력으로 완벽한 관계에 대한 비전과 맞춰질 수 있어요. 머지않아 떠난 이 연인을 돌아보게 될 거예요. 완벽한 짝을 만드는 데 크게 기여해준 사람으로, 큰 감사와 함께요. 그에게 이렇게 말하는 편지를 쓰고 싶을 수 있어요.

내 마음을 아프게 해줘서 고마워. 그 과정에서 정말로 원하는 것을 명확히 하도록 도와줘서. 그쪽으로 돌아섰을 때 이 행복한 관계로 빠르게 데려다준 건 그 고통이 만들어낸 강한 욕망이야. 고마워. 나와 함께한 시간이 당신에게도 같은 선물이 됐기를 바라.

많은 사람이 관계가 잘 되게 하려고 정말 열심히 애써요. 하지만 다른 사람이 원하는 내가 되려고 하기보다 진짜 나와 맞추려고 할 때 우주가 맞는 사람을 데려다줘요. 참자아와 맞추려고 하세요. 그러면 우주가 맞는 짝을 데려와요. 그게 법칙이에요. 있는 자리에서 시작하고 점점 나은 생각을 찾으세요.

충격이고 우울해. 뭘 해야 할지 모르겠어. (역류)

이런 일이 일어나다니. 그 사람인 줄 알았는데. (역류)

왜 그렇게 나를 속인 거야? (역류)

왜 영원히 함께할 것처럼 한 거야? (역류)

이제 무력함에서 움직일 수 있는지 보세요. 적어도 침대에서
나가고 싶은 느낌이 드는 걸 찾으세요.

이런 일 당하는 건 이번이 마지막이야. (하류)

이렇게 대접받을 사람이 아니야. (하류)

떠나서 잘됐어. 내가 생각했던 사람이 아니었으니까. (하류)

이 생각들이 부정적이지만 안도감을 주고 있어요. 계속하세요.

우리는 서로 맞지 않았어. (하류)

그걸 알아내는 데 더 시간을 낭비할 이유가 없어. (하류)이건 나
에게 엄청나게 선명해지는 경험이었어. (하류)

짧은 시간에 정말 많이 배웠어. (하류)

돌이켜보면 이게 오고 있다는 걸 어느 정도 느낄 수 있었어. (하류)

그때는 보고 싶지 않았지만 이제 오고 있었다는 걸 알겠어. (하류)

이런 일이 일어난 게 아쉽지 않아. (하류)

정말 끔찍한 일은 일어나지 않았어. (하류)

진짜 원하는 게 다른 곳에 있다는 걸 알게 된 건 나쁜 일이 아니야. (하류)

이 관계가 내가 누구인지, 뭘 찾고 있는지 더 선명하게 해줬어. (하류)

관계에 대해 새로운 에너지가 생긴 느낌이야. (하류)

앞으로 천천히 갈 거야. 급할 거 없어. (하류)

숨 쉴 공간이 있어서 오히려 좋아. (하류)

이상하게도 다음에 뭐가 올지 기대돼. (하류)

이 관계 덕분에 다음에 올 게 더 나을 거라는 걸 알아. (하류)

언젠가 진짜 원하는 걸 선명하게 해준 것에 대해 그에게 고마워할지도 몰라. (하류)

근데 그날은 오늘은 아니야. (하류)

음, 어쩌면 조금은. (하류)

기분이 나아졌다는 걸 인정해야 해요. 그게 유일하게 할 일이에요. 계속 기분이 좋으면 원하는 모든 것이 반드시 와요!

예시 8. 출근이 싫다

"이 회사에서 일한 지 1년이 채 안 됐는데 일은 잘하고 있어요. 직원 20명 정도 되는 작은 가족 회사예요. 몇 명은 사장 가족이지만 대부분은 아니에요. 저는 가장 최근에 입사했고 정해진 일을 하려고 고용됐지만 회사가 작으니까 원래 맡은 것보다 더 많은 일에 관여하게 돼요. 일도 잘하고 다른 사람보다 빠르고 여기서 일하는 게 정말 좋아요.

하지만 신경 쓰이는 게 있어요. 대부분의 동료가 할 수 있는 것보다 훨씬 적게 일한다는 거예요. 다들 능력껏 일하는 걸 피하고 제가 열심히 하면 원망하는 게 느껴져요. 마치 제가 기준을 너무 높여서 자기들도 맞춰야 할 것처럼 생각하는 것 같아요. 그래서 미묘하게 때로는 대놓고 저를 깎아내려요.

여기 일은 다 좋아하고 어디든 투입돼서 뭐든 할 수 있어요. 하지만 다른 사람은 자기가 하고 싶은 일만 하려 하고 귀찮은 일은 저와 몇몇 신입한테 떠넘겨요. 뭔가 말해야 할 것 같은데 문제를 일으키고 싶지 않아요. 미움받고 싶지도 않고요.

이곳을 떠나서 다른 직장을 구하려고 생각 중인데 이미 세 번이나 그랬어요. 매번 비슷한 상황을 만나는 것 같아서 아마 모든 직장이 이런가 봐요. 게다가 새로운 곳에 갈 때마다 다시 배우고 다시 자리 잡고 낮은 임금에서 다시 시작해야 해요.

뭘 해야 할지 모르겠어요. 떠나고 싶지도 않고 머물고 싶지도 않아요. 복권에 당첨돼야 할 것 같아요."

비슷한 업무 환경에서 계속 자신을 발견하는 패턴이 있다는 걸 인정하는 게 중요해요. 현재 상황의 이것저것을 관찰하면서 그걸 진동에서 활성화시키고 끌어당김의 법칙이 다음 환경에서도 가져다주기 때문이에요. 계속해서요. 진동에서 가장 활성화된 것이 경험에서 계속 일어나요. 많은 사람이 이 아이디어로 어려움을 겪어요. 주변에서 일어나는 걸 보지 않기가 어렵거든요. 문제는 원하지 않는 것을 계속 보면 그걸 더 끌어당긴다는 거예요. 하지만 좋은 점도 있어요. 원하지 않는 걸 볼 때마다 욕망의 로켓이 자동으로 발사돼요. 원하지 않는 걸 보면 원하는 것이 더 명확해지니까요.

업무 환경에서 불공평하고 부당하고 부적절해 보이는 것을 볼 때마다 '이런 건 싫어, 더 나은 환경이었으면'이라는 바람이 생겨요. 참자아는 이미 그 더 나은 곳에 가 있어요. 부정적인 감정이 드는 이유는 참자아는 이미 개선된 쪽으로 갔는데 당신은 아직 싫은 현실만 보고 있기 때문이에요. 이제 역류/하류 과정을 통해 원하는 업무 환경과 맞춰볼게요.

직장에서 대부분의 사람이 최선보다 훨씬 적게 하는 게 옳지 않다고 생각해. (역류)

일은 안 하면서 돈 받는 걸 보면 너무 불편해. (역류)

그들은 출근만 하면 급여 받을 자격이 있다고 느끼는 것 같아. (역류)

뭔가를 달성하든, 안 하든, 건물에 있는 것만으로 돈 받는다고 생각하는 것 같아. (역류)

내가 제대로 일하면 눈에 띄게 튀어. (역류)

회사 소유주는 자기 사업에서 무슨 일이 일어나는지 전혀 몰라. (역류)

그들이 알면 여기 거의 모든 사람을 해고할 거야. (역류)

어떤 상황에 대해 강한 감정이 있으면 처음에는 역류하는 생각이 여러 개 쏟아져 나와요. 끌어당김의 법칙은 가장 활성화된 것에 스포트라이트를 비추니까요. 짜증날 때 짜증나는 것이 먼저 떠오르는 건 당연해요. 이 과정의 목적은 그 생각을 부드럽게 하고 기분이 더 나은 쪽으로 방향을 돌리는 거예요. 계속하다 보면 기분 좋은 생각이 먼저 떠오르게 되고 그때 삶이 나아지는 걸 보기 시작해요. 그러니 이제 안도감을 주는 생각을 찾아보세요.

어떻게 할 건지 지금 당장 결정할 필요 없어. (하류)

회사 소유주가 직원에 대해 뭘 알고 모르는지 사실 나도 몰라.
(하류)

그들이 내 의견을 안 물었으니까 말 안 해도 잘못은 아니야. (하류)

여기서 일하는 다른 사람에 대해 아는 게 별로 없어. (하류)

그들이 왜 그렇게 행동하는지 진짜 이유는 몰라. (하류)

다른 사람이 뭘 하든, 안 하든, 내 일이 아니야. (하류)

여기서 다양한 일을 할 수 있어서 좋아. (하류)

거의 항상 흥미로운 뭔가를 찾을 수 있어. (하류)

어떤 일이든 흥미롭게 만들 수 있어. (하류)

뭔가나 누군가에 대해 밀어붙일 때만 불행해져. (하류)

결심하면 나를 행복하게 균형 있게 유지할 수 있어. (하류)

나에 대한 다른 사람의 의견은 무시하는 게 나아. (하류)그들이
나에 대해 뭘 생각하는지 정확히 알 방법도 없어. (하류)

그들의 의견에 대한 내 추측만 있을 뿐이야. (하류)

결심하면 내 생각을 통제할 수 있어. (하류)

내가 겪는 모든 것이 더 나은 상황을 더 구체적으로 요청하게
해. (하류)

이 직장에서 나를 괴롭히는 것이 오히려 더 나은 미래를 준비

시켜주고 있어. (하류)

그 더 나은 경험에 얼마나 빨리 도달하느냐는 내가 어떤 생각을 선택하느냐에 달렸어. (하류)

역류 생각이든, 하류 생각이든 선택할 수 있어. 어느 쪽이든 내 선택이야. (하류)

예시 9. 아이들 싸움에 미칠 것 같다

"우리에게는 두 아이가 있어요. 12살 아들과 13살 딸이요. 좋은 아이들이에요. 학교에서도 말썽을 피우지 않고 성적도 좋아요. 하지만 서로 끊임없이 싸워요. 서로 때리거나 그런 건 아니지만 집에 같이 있으면 매일 하루 종일 말다툼하고 소리 지르고 문을 쾅쾅 닫아요. 각자 방이 있어서 서로를 귀찮게 할 필요가 없는데 그냥 서로를 너무 심하게 짜증나게 해서 남편과 저의 삶을 비참하게 만들고 있어요. 서로 떨어뜨려 놓는 것부터, 하루 종일 한 방에서 함께 보내게 하는 것까지 모든 것을 시도해봤어요. 사실 이제 학교에서 돌아오는 걸 보는 것조차 싫어요."

다른 사람과의 관계 속에서 창조가 어떻게 일어나는지 살펴보

감정이 알려주는 것들

는 건 매우 흥미로워요. 많은 사람이 다른 사람과 잘 지내려고 애 쓰다가 오히려 더 복잡해져서 길을 잃어요.

다른 사람에게서 충분한 변화를 끌어내서 관계를 해결하려는 건 사실상 불가능해요. 대부분의 사람은 잠시 다른 사람을 변화시 키려고 시도하다가 포기하거나 떠나요. 당신이 기분이 나아지도 록 다른 사람에게 변하라고 요청하는 건 결코 효과가 없어요.

우리가 당신의 아이 중 한 명과 이야기한다면 다른 형제를 변 하게 하라고 하지 않을 거예요. 하지만 이 상황은 더 복잡해요. 당 신은 두 아이 사이에 끼어서 변화를 일으키고 싶어 하니까요. 그 런데 이미 느끼고 있잖아요. 뭘 해도 안 됐다는 것에서 아이들의 관계를 통제할 수 없다는 걸요.

사람들은 좋은 행동에는 보상을, 나쁜 행동에는 벌을 줘서 행 동을 통제하려고 해요. 아이든, 직원이든 누구든요. 하지만 그 결 과로 진짜 행동이 바뀌는 걸 본 적이 없어요. 바깥에서 주어지는 규칙과 벌은 보통 원하지 않는 행동을 숨기게 하거나 더 세게 반 항하게 할 뿐이에요. 사람은 본능적으로 알아요. 다른 사람을 기 쁘게 하려고 사는 게 아니라는 걸요.

우리는 종종 당신이 자신의 경험의 창조자라고 설명해요. 그건 당신이 다른 사람의 경험의 창조자가 아니라는 뜻이기도 해요. 그들이 그들 경험의 창조자예요. 하지만 이해해요. 집에서, 내 눈앞에서 아이들이 싸울 때 그게 나한테 영향을 미치는 걸요. 그래서 뭔가 해야 한다고 느낄 수 밖에 없다는 것도요. 다른 사람의 기쁜 행동을 볼 때 기쁘고 불쾌한 행동을 볼 때 기쁘지 않다는 것도 이해해요. 그것이 자기 아이일 때 얼마나 더 복잡해지는지도요.

하지만 확실히 아는 게 있어요. 만약 당신의 행복이 다른 사람의 행동을 통제하는 능력에 달려 있다고 믿는다면 결코 행복을 찾지 못할 거예요. 다른 사람을 통제하는 건 불가능하니까요.

아이들이 싸우는 것을 볼 때마다 당신은 '아이들이 사이좋게 지냈으면'이라는 욕망의 로켓을 발사해 왔어요. 그들이 당신에게 원하지 않는 것을 보여줬고 그것이 원하는 것을 더 명확하게 만들었으니까요. 그 욕망은 당신의 일이에요. 그러니 이제 당신의 일은 간단해요. 그 욕망과 일치하는 거예요.

아이들의 말다툼이 지금 당신을 그렇게 화나게 하는 이유는 지금 보고 있는 것이 그동안 쌓아온 '사이좋은 아이들'의 이상과 맞지 않기 때문이에요.

아이들이 싸우는 걸 볼 때마다 '이렇게는 싫어, 사이좋게 지냈으면 좋겠어'라는 바람이 생겼어요. 그 바람이 쌓이고 쌓여서 참자아는 이미 '사이좋은 아이들'을 만들었어요. 그러니 이제 당신의 일은 간단해요. 그걸 믿고 편안한 마음으로 받아들이는 거예요.

아이들의 말다툼이 지금 당신을 그렇게 화나게 하는 이유는 눈 앞에서 보고 있는 것이 당신 안에 이미 만들어진 그 그림과 너무 다르기 때문이에요. 사실 아이들이 태어나기 전부터 다른 집 아이들을 보면서 '우리 아이들은 저러지 않았으면'이라는 바람을 쌓아 왔어요. 그래서 지금 원하는 것과 완전히 반대되는 것을 보면 불편한 게 당연해요.

단순히 아이들이 나쁜 행동을 하고 있어서 화가 나는 게 아니에요. 지금 보고 있는 것이 당신 안에 이미 준비된 '사이좋은 아이들'의 그림과 반대 방향이라서 화가 나는 거예요.

이 불편함이 아이들의 행동 때문이 아니라 지금 보고 있는 것과 당신 안에 이미 준비된 것 사이의 차이 때문이라는 것을 받아들일 수 있다면 상황이 달라지기 시작할 거예요.

아이들이 무엇을 하든 상관없이 기분 좋게 느끼는 생각을 선택할 수 있다는 걸 스스로에게 보여줄 수 있어요. 그걸 해내면 당신의 영향력은 엄청나질 거예요.

지금 현재 상태는 이래요. 아이들이 싸우는 걸 지켜봐요. 기분이 나빠져요. 아이들의 행동 때문에 기분이 나쁘다고 생각하지만 실제로는 자기 욕망과 맞지 않아서 기분이 나쁜 거예요.

그래서 이렇게 해보세요. 아이들이 하고 있는 것은 잠시 내려 놓고 기분 좋게 느낄 수 있는 쪽으로 생각을 돌려요. 그렇게 하면 참자아와 완전히 연결돼요. 그리고 오랫동안 만들어 온 '서로를 즐기는 행복한 아이들'의 그림과도 맞춰져요.

이 모든 것이 맞춰지면 참자아와 완전히 연결된 상태에 있어요. 우주의 힘과, 참자아와, 그리고 아이와 가족과 삶에 관해 쌓아 온 욕망과 맞춰진 상태예요.

이 상태에서 나오는 말과 행동은 완벽하게 때를 맞추고 아이들에게서 저항을 덜 불러일으키고 더 긍정적인 변화를 만들어요.

하지만 당신은 말이나 행동으로 창조하고 있는 게 아니에요. 자기 욕망과 맞춤으로써 창조하고 있는 거예요.

아들과 딸이 다르게 행동하도록 만드는 걸 생각하면 힘겨운 싸움이 느껴질 거예요. 하지만 자기 생각을 안내하는 걸 생각하면 가능하다고 느낄 수 있어요. 시간이 지나면 그게 얼마나 단순한지도 느끼게 될 거예요.

멋진 일이 당신의 경험에서 펼쳐지려고 하고 있어요.

의도적으로 자기 생각을 선택하면 즉시 기분이 나아질 뿐 아니라 끌어당김의 법칙의 도움으로 아무도 모르게 아이들의 행동 변화를 일으킬 거예요. 그리고 그 모든 것 위에 당신 자신의 모범을 통해 아이들에게 참자아와 맞추는 것의 가치와 힘을 가르치게 될 거예요. 상황이 좋지 않을 때조차 참자아와 맞추는 모습을 보여주는 것은 다른 사람에게 줄 수 있는 가장 가치 있는 안내예요. 그것이 아이들에게 주고 싶었던 진짜 안내예요. 자기 삶을 스스로 안내하는 힘이요.

이제 역류하는 생각에서 하류하는 생각으로 가는 과정을 시작해볼게요. 항상 그렇듯이 지금 있는 곳에서 시작해요. 다른 곳에서 시작할 수는 없으니까요.

아이들이 나를 미치게 해. (역류)

끊임없이 싸워. (역류)

그들을 멈출 방법을 찾을 수가 없어. (역류)

내 말을 안 들어. (역류)

언젠가 서로를 그렇게 대했던 걸 후회할 거야. (역류)

뭘 해야 할지 모르겠어. (역류)

생각할 수 있는 모든 걸 시도해봤어. (역류)

시작할 때 역류하는 생각이 나오는 건 자연스러워요. 하지만 이 과정에서 당신의 일은 뻔한 것을 말하거나 상황을 바꿀 행동을 찾는 게 아니라는 걸 기억하세요. 당신의 일은 단순히 자기 생각에서 안도감을 찾는 거예요.

아주 약간의 안도감만 느껴도 저항을 조금 놓았다는 표시예요.

다른 사람의 행동을 바꾸려고 애쓰는 것보다 훨씬 적은 노력으로 노를 놓을 수 있고 그러면 배가 하류 쪽으로 돌아가요. 안도감을 주는 생각이 더 떠오르기 시작하고 시간이 지나면 아이들의 행동이 나아지는 걸 보면서 즐겁게 흘러가고 있을 거예요. 다른 사람에게서 다른 행동을 이끌어내는 당신의 영향력은 자기 욕망과 맞추는 데 달려 있어요. 변화를 끌어당기려면 먼저 자기 기분을 나아지게 해야 해요.

그들의 관계는 정말 그들 사이의 일이야. (하류)

그들은 아마 서로에 대해 나만큼 부정적으로 느끼고 있지 않을 거야. (하류)

만약 하루 정도 그 마지막 생각과 맞춘 상태를 유지할 수 있다면 변화가 일어나기 시작하기에 충분한 전환이 될 거예요. 하지만 이 생각이 방금 떠올랐고 평소에 하던 생각이 아니기 때문에 다시 익숙한 역류하는 생각으로 돌아가기 쉬워요. 그래서 이 자리를 유지하려면 안도감을 주는 생각을 더 찾아서 거기에 더 오래 머무르는 게 좋아요. 기분이 나아진 그 자리에 오래 머물수록 그 생각이 또 다른 기분 좋은 생각을 끌어당기고 시간이 지나면 자기 욕망과 맞춰지게 될 거예요.

어렸을 때 그들은 매우 귀여웠어. (하류)

꽤 오랫동안 함께 아주 잘 놀았어. (하류)

안도감을 주는 생각을 찾다가 기분이 나아질 거라고 생각했는데 실제로는 더 나빠지는 경우도 있어요. 더 나은 생각을 찾으려다가 지금 갖고 있지 않은 걸 얼마나 원하는지만 더 크게 느끼게 될 때가 있거든요. 그래서 안도감 대신 더 큰 불편함을 느끼게 돼요. 하지만 잘못된 방향으로 가고 있다는 뜻은 아니에요.

기억하세요. 지금 느끼는 방식은 방금 전에 느끼던 방식과 비교해서만 의미가 있어요. 그러니 이걸 언제든 원하는 방향으로 움직일 수 있는 유연한 연습이라고 생각하세요. 목표를 놓치지 마세요. 안도감을 찾는 것, 안도감을 찾는 것, 안도감을 찾는 것이에요. 어떤 생각이 그 전보다 더 나쁘게 느껴지면 문제가 아니에요. 그냥 다시 안도감을 찾으면 돼요. 시간이 지나면 보통 꽤 짧은 시간 안에 찾고 있는 걸 발견하게 될 거예요.

아이들이 싸우는 건 정상이야. (하류)

이건 그들이 삶을 이해해가는 과정의 일부야. (하류)

그들은 환경에 솔직하게 반응할 권리가 있어. (하류)

그들도 나만큼 기분 나쁜 걸 좋아하지 않아. (하류)

정말로 기분 나쁜 걸 좋아하지 않는다면 멈추는 방법을 알아낼

거야. (하류)

나는 내 부정적인 반응을 더하는 걸 그만둘 거야. (하류)그들이 이걸 해결하도록 내버려둘 거야. (하류)

이게 어떻게 전개되는지 보는 게 흥미로울 거야. (하류)

이것에 너무 큰 의미를 부여해왔어. (하류)

내가 이것에 얼마나 큰 의미를 부여해왔는지 생각하면 꽤 웃겨. (하류)

관점을 되찾으니 기분이 좋아. (하류)

정말로 좋은 아이들이야. (하류)

우리 모두 함께하고 있어. (하류)

내 감정을 다스릴 힘이 있다는 걸 아는 게 좋아. (하류)

사랑하는 아이들이 기분 나아지도록 영향을 줄 수 있다는 생각이 좋아. (하류)

그들이 어떻게 느낄지 선택할 수 있다는 걸 아는 게 좋아. (하류)

그들이 느끼는 것에 대해 내가 어떻게 느낄지 선택할 수 있다는 걸 아는 게 좋아. (하류)

말다툼하는 아이들을 보면서 '이러지 않았으면' 하는 바람이 쌓여왔어요. 이 경험을 통해 '사이좋은 가족'에 대한 욕망이 엄청나게 커졌어요. 그리고 이제 기분 좋은 생각을 선택하려는 의지 덕분에 원하는 관계를 향해 흐르고 있어요.

여기서 잘못된 것은 없어요. 모든 것이 이 몸으로 오기로 했을 때 알고 있던 대로 정확히 진행되고 있어요. 삶을 살고 원하는 것을 확인하고 그 욕망에 온전한 주의를 기울이러 왔어요. 그것이 의도적 창조가 다루는 전부예요.

예시 10. 배우자가 심하게 아프다

"의사들이 남편이 많이 아프다고 하면서 더 이상 방법이 없다며 추가 치료를 제안하지 않아요. 몇 년간 이 병과 싸워왔고 의사들이 아직 방법을 제시하는 한 결국 나을 거라고 믿었던 것 같아요. 하지만 이제 둘 다 절망적이고 두려워요. 뭘 해야 할지 모르겠고 그에게 뭐라고 말해야 할지도 모르겠어요. 계속 회복에 대한 희망을 품어야 할까요, 아니면 그와 나 자신이 그의 죽음을 준비해야 할까요?"

사랑하는 사람이 질병으로 몸과 마음의 고통을 겪는 걸 보면서 자기 균형을 찾기란 쉽지 않아요. 이 사람과 오래 살았고 삶이 많이 얽혀 있더라도 그의 일상적인 생각과 참자아 사이의 진동을 정말로 이해할 방법은 없어요. 자기 자신의 진동만이 진짜 다룰 수 있는 거예요. 가족은 사랑하는 사람의 질병에 대해 너무 강한 의견을 갖고 있어서 돕기보다 오히려 방해하는 경우가 많아요. 하지만 이렇게 강렬한 상황에서도 균형을 찾고 유지하는 건 가능해요. 그렇게 할 때 매번 도움이 돼요.

남편을 대신 생각해줄 수 없고 그의 현실을 만들어줄 수 없어요. 하지만 나를 위해 생각할 수 있고 내 현실을 만들 수 있어요. 참자아, 즉 기분이 좋을 때 활성화되는 더 넓은 나와 맞춰지면 영향력이 아주 강해요. 어떤 사람은 이렇게 말할 수 있어요. "참자아와 맞춰지고 나서 남편이 회복하도록 영향을 줄 거야." 하지만 우리는 이렇게 말해요. "참자아와 맞춰지면 그도 자기 안의 참자아에 이르도록 영향을 받아요. 그러면 그는 진짜 하고 싶은 대로 할 수 있어요." 이 두 말에는 큰 차이가 있어요.

질병은 항상 진동의 불균형 때문이에요. 모든 경우에 질병은 강한 흐름이 있는데 어떤 이유로 역류하고 있다는 뜻이에요. 살고 있는 세상의 문제를 생각하면서 대부분의 사람은 자기 안의 진동을 모르기 때문에 저항을 만드는 생각을 자주 해요. 아기조차도 주변 환경에 적응하면서 이 역류의 영향을 받아요. 과학자와 의사들은 그 시대의 질병에 대한 치료법을 계속 찾으며 의학, 치료, 식이요법에서 끊임없이 새로운 선택지를 내놓아요. 하지만 이걸 이해하기 전까지는 치료하는 것보다 더 많은 질병이 생기면서 매년 밀릴 거예요. 질병의 의학적 치료를 찾기보다 그 진동적 원인을 이해해야 해요. 어긋난 에너지를 행동으로 메우기엔 세상에 충분한 행동이 없으니까요.

그러니 남편의 회복에 대해 다시 희망을 느낄 이유가 있어요. 의료계가 포기했으니 이제 그는 정말로 효과가 있는 유일한 것에 눈을 돌릴 가능성이 높아요. 자기 존재의 에너지를 맞추는 거예요. 행동으로 할 수 있는 방법이 다 떨어져야 자기 에너지를 맞추려는 노력을 시작하는 건 드문 일이 아니에요. 회복이 오면 의사들은 기적이라고 하지만 기적이 아니에요. 생각과 진동과 에너지를 다시 맞춘 것뿐이에요. 원하지 않는 걸 알 때마다 원하는 것도 더 선명해지기 때문에 남편은 몸에 관해 자기 안에 원하는 것을 강하게, 오랫동안 쌓아왔어요. 그만큼 흐름이 아주 빠르게 움직이고 있다는 뜻이에요.

사람이 더 아플수록 좋은 느낌에 대한 욕망을 더 강하게 쌓아요. 그 흐름이 빨라지고 참자아가 더 강하게 부를수록 그 방향으로 돌아서지 않으면 더 아파져요. 어떻게 돌아가는지 보이나요? 이렇게 말할 수 있어요. 더 아플수록 좋은 느낌을 향한 잠재력을 더 많이 움직여놓은 거라고요. 치명적인 병에서 회복하는 게 사소한 것을 극복하는 것보다 오히려 쉬울 수 있어요. 치명적인 것이 자기 안에 그만큼 큰 힘을 쌓아놓았으니까요. 기분 좋게 느끼겠다는 의지만 있으면 돼요. 남편이 자기 존재의 진동을 다루는 유일한 사람이니까 이 일을 대신해줄 수는 없어요.

이 불안한 상황 한가운데서도 자기 진동의 균형을 유지하는 게 당신이 할 일이에요. 그렇게 할 수 있으면 영향력이 아주 강해요. 이런 상황에서 불안한 생각은 쉽게 찾아오지만 남편을 위해서가 아니라 나를 위해 마음을 나은 쪽으로 안내해야 해요. 참자아와 맞춰지면 그에게 긍정적인 영향을 줄 거예요. 남편을 돕고 싶은 것과 별개로 자기 참자아를 찾으면 그를 도울 가능성이 훨씬 높아요. 하지만 그를 돕기 위해 참자아를 찾으려고 하면 그의 질병에 집중하게 돼서 오히려 맞춰지지 않아요. 그러면 맞춰졌을 때 나올 수 있는 강력한 영향력을 쓰지 못해요.

만나는 거의 모든 사람이 기분이 남편의 상태에 달려 있다고 말할 거예요. 하지만 그가 나아지든, 악화되든, 살든, 죽든, 기분 좋게 느끼는 방법을 찾아야 해요. 그만큼 자기를 챙길 때만 그를 도울 수 있으니까요. 있는 자리에서 시작해서 나은 생각을 찾아보세요.

남편이 나아지도록 돕고 싶어. (역류)

의사들은 희망이 없다고 해. (역류)

포기하고 싶지 않은데 어디에 서야 할지 모르겠어. (역류)희망을 품는 게 어리석게 느껴져. (역류)

그가 죽을까 두려워하다가 죽을 거라고 체념하게 됐어. (역류)

그렇게 굴복한 것에 죄책감이 들어. (역류)

마지막까지 굴복하면 안 된다는 느낌이야. (역류)

이걸 정리하려는 게 얼마나 소용없는지 느껴보세요. 이제 통제할 수 있는 것에 주의를 돌리세요. 느끼는 방식을 나아지게 하세요. 남편의 생명을 구하려고 하지 마세요. 삶과 죽음의 문제를 해결하려고 하지 마세요. 의사를 바꾸거나 의학을 더 낫게 만들려고 하지 마세요. 할 수 있는 유일한 일을 하세요. 의도적으로 생각을 골라서 느끼는 방식을 나아지게 하세요.

어떤 날은 참을 수 없는 감정적 고통이 오고 어떤 날은 좀 나아. (역류)

이렇게 극단적인 상황에서도 감정이 날마다 다르다는 걸 알겠어. (하류)

이 무너지는 감정에서 안도감을 주는 생각이 있다니 반가워.

(하류)

남편의 상태를 바꾸는 게 내 일이 아니라는 걸 아는 게 위안이
돼. (하류)

이 경험이 죽음이라는 주제를 이해하는 데 엄청난 도움이 될
거라는 걸 느껴. (하류)

이 지구에서 살았거나 살 모든 사람에게 일어나는 '죽음'이 나
쁜 거라는 건 생각해보면 말이 안 돼. (하류)

남편이 죽는 걸 원하지 않지만 그걸 바꾸는 게 내 일이 아니라
는 걸 알 때 안도감이 와. (하류)

언젠가 물질 세계와 비물질 세계가 어떻게 맞물리는지 완전히
이해하게 될 거라는 기대가 좋아. (하류)

우리 모두 영원한 존재라는 걸 기억하면 기분이 좋아져. (하류)

'죽음'이 헤어짐이 아니라는 걸 이해하면서 안도감을 느껴. (하류)

우리의 생각이 '죽음'을 넘어선다는 걸 알게 돼서 기뻐. (하류)

우리의 관계가 영원하다는 걸 기억하는 게 좋아. (하류)

남편이 안도감을 찾기를 바라. 그걸 찾고 여기 남든, 비물질의
세계로 가든. (하류)

그가 안도감을 찾는 데 집중하는 게 나에게 위안이 돼. (하류)

'죽음'이라는 주제에 대해 오랫동안 인류를 괴롭혀온 문제를 하

류 생각 찾기 한 번으로 완전히 해결하라고 하지는 않을 거예요. 하지만 당신의 진동이 여기서 상당히 움직였다는 건 말할 수 있어요. 그건 대부분의 사람이 아는 것보다 훨씬 가치 있어요. 말은 가르치지 않지만 삶의 경험은 가르쳐요. 자기 생각을 의도적으로 이끌어서 진짜 안도감을 찾으면 다른 진동을 내보내게 돼요. 그게 남편의 진동에 영향을 줄 수 있어요. 그가 겪고 있는 것의 강렬함 때문에 욕망이 최고조에 달해 있으니 당신과 그가 모두 저항을 놓으면 작은 내맡김이 아주 멀리까지 가요.

당신 관점에서 일어날 수 있는 가장 좋은 일은, 기분이 훨씬 나아진다. 그가 훨씬 나아지도록 돕는다. 그의 에너지가 크게 좋아진다. 건강이 돌아온다죠.

그러면 가장 나쁜 일은 뭘까요? 남편이 이 몸을 떠나는 거예요. 하지만 그때도 보세요.

당신은 기분이 훨씬 나아진다. (참자아와 맞춰졌으니까)기분이 훨씬 나아진다. 그는 순수하고 긍정적인 에너지로 다시 나타난다. 그는 훨씬 더 기분이 좋아진다! 어느 쪽이든 둘 다 기분이 좋아져요. 참자아와 완전히 맞춰질 때까지 모든 것을 좋은 느낌으로 이끄는 당신의 영향력이 얼마나 대단한지 결코 알지 못할 거예요.

"친구가 전화해서 밥 먹고 영화 보자고 했는데 그럴 형편이 안 됐어요. 돈을 아껴야 한다는 게 아니라 진짜 돈이 없어요. 이틀 뒤에 월급이 들어오지만 지금은 무일푼이에요. 집에 먹을 건 있어요. 대단한 건 아니지만 수프 캔 몇 개, 시리얼, 그래놀라 바, 땅콩버터랑 크래커 정도. 굶지는 않을 거예요. 하지만 돈이 없는 게 너무 지쳐요. 친구들 중에는 직업도 없으면서 나보다 여유로운 애들이 있어요. 가족이 보내주니까요. 얼마나 좋아요. 더 나은 직장을 얻으려면 학교로 돌아가야 하는데 효과가 나려면 한참 걸려요. 그동안 일하면서 학교까지 다닐 수 있을지도 모르겠어요. 누가 돈 좀 줬으면 좋겠어요."

생생한 현실 한가운데 있을 때 그걸 못 본 척하기는 어려워요. 재정 상황은 삶의 거의 모든 부분에 영향을 미치니까 지금 돈이 얼마나 있는지 예민하게 의식하는 건 당연해요. 당신에게 중요한 것들 대부분이 돈과 연결되어 있으니까요.

지금 돈이 없다는 사실을 그냥 안 보기는 어려워요. 그건 이해해요. 하지만 상황에 대해 어떻게 느끼는지는 선택할 수 있다는 걸 알아줬으면 해요.

돈이 없어서 무섭고 화가 날 수 있어요. 하지만 돈이 없는 상황을 가볍게 볼 수도 있어요. 대부분의 사람은 이렇게 느껴요. 지금 돈이 없지만 곧 들어올 거라면 그나마 괜찮아요. 지금 돈이 없고 언제 들어올지도 모르면 훨씬 힘들어요.

대부분의 사람은 상황이 좋으면 기분이 좋고 상황이 나쁘면 기분이 나빠요. 그래서 그렇게 많은 사람이 주변 조건을 통제하려고 하는 거예요.

조건을 통제하고 싶은 마음은 이해해요. 실제로 행동과 노력으로 어느 정도는 통제할 수 있으니까요. 하지만 세상과 삶을 진동의 관점에서 보기 시작하고 물리적 행동보다 진동의 일치에 더 힘을 쏟으면 생각이 가진 지렛대의 힘을 발견하게 돼요. 역사 속에서 세계의 부유하고 영향력 있는 사람들이 알고 써온 것을 발견하게 돼요.

돈이 없어서 힘든 와중에도 아주 좋은 일이 일어나고 있어요. 원하지 않는 것을 겪는 불편한 자리에서 원하는 것을 계속 찾고 있으니까요. 더 안정되고 싶고 더 많은 돈을 원해요. 돈도 벌면서 즐길 수 있는 일을 찾고 싶어요. 좋아하는 것들을 마음껏 누리고 싶어요. 지금 이 상황이 그 모든 걸 요청하는 출발점이에요. 그리고 당신이 요청했기 때문에 힘든 와중에도 그것들은 이미 당신을 위해 준비되고 있어요.

하지만 불편한 상태에 있는 한 요청한 것에 다가갈 수 없어요. 불편하다는 건 역류를 향하고 있다는 뜻이고 요청한 것들은 전부 하류에 있으니까요. 돈에 관해 하류 생각을 찾아야 해요. 그때까지는 아무것도 달라지지 않아요. 안도감을 주는 생각을 찾아보세요.

금요일에 월급이 들어오면 돈이 좀 생길 거야. (하류)

이 생각에 안도감이 있어요. 하지만 오래가지 않을 수 있어요. 평소 패턴을 너무 잘 아니까요. 월급 받고 며칠은 괜찮고 금방 쓰고 다시 빈털터리. 그리고 불편함은 지금 당장 돈이 없다는 것만이 아니에요. 넉넉하게 쓸 만큼 돈이 없다는 것, 진짜 원하는 삶을 살 만큼 돈이 없다는 것이기도 해요.

젊었을 때 더 열심히 하지 않은 자신이 불만스러울 수 있어요. 아직 대학 학위도 없고 뚜렷한 직업도 없는데 같은 나이 친구들은 다 갖추고 있어요. 대학 갈 나이에 부모가 더 지원해주지 않은 게 원망스러울 수 있어요. 가족에게 함께할 사업이 없었거나 기대할 유산이 없었던 것도요.

돈이라는 주제에는 안도감을 찾아야 할 깊이 뿌리박힌 연결이 많아요. 그것들을 풀지 않으면 삶이 확인시켜준 원하는 것들의 방향으로 흐르지 못해요. 부정적인 감정을 느낄 때마다 안도감을 찾는 데 시간을 쓰는 건 정말 가치 있는 일이에요. 노력할 때마다 저항을 조금씩 더 놓게 되니까요. 시간이 지나면 돈처럼 저항이 깊고 복잡하게 얽힌 주제에서도 저항이 사라질 수 있어요.

지금 있는 곳에 있다는 걸 인정하세요. 그래도 괜찮아요. 그냥 있는 자리에서 뛰어드세요. 무슨 생각이든 꺼내세요. 그리고 거기서 하류로 돌아서면서 조금이라도 더 나은 느낌을 찾아보세요.

금요일에 월급 받지만 아마 월요일이면 또 빈털터리일 거야. (역류)

넉넉하게 살 만큼 벌지 못해. (역류)

지금 있는 자리가 여기예요. 이게 현실이에요. 하지만 노력하면 이보다 나아질 수 있어요.

나는 직업이 있어. (하류)

별로 좋아하지는 않아. (역류)

그래도 이 직업을 구하는 데 어렵지 않았어. (하류)

비교적 쉽게 왔어. (하류)

예전에도 그랬고 지금도 다른 선택지는 있어. (하류)

진짜 원하면 더 나은 직업을 구할 수 있을 거야. (하류)

아주 미세한 개선이에요. 하지만 아주 좋아요. 이 정도의 개선만으로도 다음 단계로 가는 문이 열리니까요.

이 직업은 그때는 나한테 맞는 것 같았어. (하류)

더 나은 걸 원했지만 그때 내 눈에 보이는 건 이 정도였어. (하류)

지금은 하고 싶은 게 달라졌어. (하류)

원하면 더 잘할 수 있어. (하류)

마지막 문장은 아까와 거의 같은 말이에요. 하지만 이번에는 느낌이 달라요. 안도감이 분명해졌어요.

좋은 월급을 받을 수 있는 직업이 분명 있어. (하류)

저 사람이 더 많이 벌 수 있다면 나도 할 수 있어. (하류)누구나 있는 자리에서 시작해야 해. (하류)

자수성가한 백만장자가 얼마나 많은데. (하류)

나 좀 봐. 돈이 한 푼도 없는 데서 자수성가 백만장자를 생각하

감정이 알려주는 것들

고 있어. (하류)

　오늘 당신이 가진 돈은 한 푼도 안 변했어요. 하지만 지난 몇 분 동안 진동적으로는 엄청난 것이 변했어요. 방금 느꼈던 것과 지금 느끼는 것의 차이가 돈이 없는 것과 수백만의 차이라는 걸 이해해 주세요. 하지만 결과로 나타나려면 한 번으로는 부족해요. 방금 한 것만으로도 충분하긴 해요. 이 더 자유롭고 더 안전하고 심지어 웃음까지 나는 느낌을 유지할 수 있다면요. 하지만 현실이 다시 눈에 들어오면 돈에 대한 평소 감정으로 돌아갈 가능성이 높아요.

　이 나아진 느낌 곁에 잠시 머물면서 하류 기준점으로 삼겠다고 결심하세요. 안도감을 주는 생각 쪽으로 돌아서는 노력을 꾸준히 하세요. 아주 짧은 시간 안에 원하는 것과 일치하도록 진동이 훈련돼요. 그러면 재정적으로 안전하다는 느낌이 꾸준히 자리 잡을 뿐 아니라 실제 재정 상황도 그 진동의 변화를 반영하기 시작해요. 머지않아 돈이 너무 풍족하고 쉽게 흘러들어와서 그렇게 오래 막아두고 있었던 게 웃길 거예요. 기분이 나아지는 생각을 계속 찾아보세요.

　원하는 건 뭐든 항상 충분한 돈이 있어. (하류)
　비싸고 멋진 것들을 많이 원해. (하류)

이제 원하는 건 뭐든 쉽게 다가올 수 있다는 걸 알아. (하류)

확인만 하면 내게 와. (하류)

이제 다른 사람들의 재정이 왜 그렇게 여유로웠는지 이해해. (하류)

이제 돈을 문제에서 빼놓을 수 있어. (하류)

삶이 뭔가를 원한다는 걸 알게 해줄 때 그걸 이룰 완벽한 상황이 내 앞에 나타나. (하류)

어떤 길이 나를 가장 기쁘게 할지는 항상 느낄 수 있어. (하류)

이제 얼마나 많은 길이 내 앞에 열려 있는지 신기해. (하류)

다양한 길이 있고 각각 다른 방식으로 좋지만 전부 내가 원하는 재정적 성공으로 이어져. (하류)

여기까지 따라왔다면 먼 길을 온 거예요. 앞의 문장들에서 우리가 담고 있던 느낌을 하나씩 찾아보세요. 돈이 없는 자리에서 재정적 독립까지 왔어요.

지금 있는 자리에 있는 거예요. 다른 사람과 비교해서 돈이 많고 적고는 중요하지 않아요. 당신에게 한계는 없어요. 당신의 삶이 지금 목표를 정해주고 있어요. 안도감을 주는 하류 생각을 찾으면 그 목표를 이루게 돼요. 우주의 법칙이 당신을 돕고 있어요. 끌어당김의 법칙은 계속해서 가장 쉬운 길을 보여줄 거예요. 당신의 삶이 나아질 방법은 무한해요.

감정이 알려주는 것들

예시 12. 승진에서 밀렸다

"같은 회사에서 여러 해 동안 일해왔고 여기 있는 그 누구보다 이 회사를 잘 알아요. 사실 회사 사장보다 더 잘 안다고 봐요! 일이 다양한 건 좋은데 아무도 안 하려는 걸 나한테 넘기는 느낌이 자주 들어요. 오래 있다 보니 뭐든 할 수 있으니까요. 지난주에 나보다 절반도 안 된 직원이 작업장 감독관으로 승진했어요. 다음 차례는 나고 더 자격이 있다고 생각했는데요. 왜 그 자리가 나한테 오지 않았는지 이해가 안 돼요. 그만두고 싶은 기분이에요."

모든 주제에는 두 면이 있어요. 원하는 것과 원하는 것의 부족. 지금 당신은 승진의 부족 쪽을 보고 있어요. "받지 못하기 전까지는 부족 같은 거 생각한 적 없어요"라고 말하겠지만 생각하고 느끼는 것과 실제로 오는 것은 항상 일치해요.

감사받지 못한다고 느낄수록 더 감사받지 못해요. "누군가 나를 인정해주면 감사받는다고 느낄 거예요"라고 말하겠지만 감사를 끌어당기려면 먼저 감사받는다고 느껴야 해요. 진동이 끌어당김의 지점이고 진동에 대한 통제권은 당신에게 있어요. 생각의 방향을 정하는 건 당신이니까요.

감사받지 못하는 느낌이 처음 언제 시작됐는지 과거를 뒤질 필요는 없어요. 그러면 보통 그 진동을 더 강하게 깨워서 기분만 더 나빠지니까요. 그냥 있는 자리에서 시작하고 나은 생각을 찾으면 돼요.

어디서나 '자격 없는 사람이 내 몫을 가져갔다'는 불평이 있지만 아무도 불공정하게 받는 건 없어요. 끌어당김의 법칙은 당신이 내보내는 진동에 공정하고 일관되고 강력하게 반응해요. 경험에서 일어나고 있는 게 마음에 들지 않으면 원하는 걸 확인하고 거기에 집중하세요. 그 집중이 편해질 때까지 하면 돼요. 그러면 그건 당신의 것이 될 거예요.

더 나아가서 원하는 게 안 오고 다른 사람이 그 자리를 차지하는 걸 볼 때도 당신에게 이득이 있어요. 당신 안에 쌓인 것이 방금 더 강하고 선명해졌고 우주의 힘이 당신을 위해 더 강하게 흐르고 있으니까요. 하지만 불평하는 자리에 서 있으면 역류를 향하고 있는 거예요. 새롭고 나아진 창조는 하류에 있어요. 그래서 더 원할수록 기분이 더 나빠지는 거예요.

당신은 실패할 수 없다는 걸 알아주세요. 삶의 모든 순간이 욕망을 키우고 있고 우주의 힘이 그 충족을 향해 움직이고 있으니까요. 오직 당신만이 길을 막아서 그 욕망이 오는 걸 멈출 수 있어요. 좋은 소식은 막고 있을 때 역류 감정이 '지금 막고 있어'라고 알려준다는 거예요.

이 상황을 바라보는 재미있는 방법이 있어요. 승진한 사람을 보고 이렇게 화가 난다는 건 오히려 좋은 신호예요. 이 강한 감정은 더 나은 일터에 대한 욕망이 내 안에서 강하게 살아 있다는 뜻이니까요.

그리고 기뻐하세요. 분노와 상처를 느끼고 있다는 건 안내 시스템이 작동하고 있다는 뜻이니까요. 이 불편한 상황이 선명해지고 있어요. 내 안에 쌓인 것은 이 일이 일어나기 전보다 더 크고 좋아졌어요.

원한다면 지금 당장 노를 놓고 훨씬 더 놀라운 승진을 향해 움직일 수 있어요. 당신을 위해 준비되고 있는 승진에는 제한이 없어요. 느끼는 방식에 주의를 기울이고 하류 생각의 안도감을 꾸준히 찾으면 끝없이 멋진 기회가 흘러올 거예요.

원하는 것에 집중하면서 완전히 일치해 있으면 꾸준히 기분이 좋아요. 그때 진동의 이력서가 나가는 거예요. 기회가 사방에서 나타나요. 성공의 느낌을 연습하면 성공적인 사람들이 당신에게 끌려요. 실망의 느낌을 연습하고 있으면 성공적인 사람들이 당신을 찾지 못해요. 바로 옆에 서 있어도 그들이 추구하는 성공과 맞지 않기 때문에 당신이 보이지 않아요.

근시안적인 고용주가 당신의 가치를 못 보고 다른 사람을 고를 수는 있어요. 하지만 우주 전체는 당신을 정확히 보고 있고 당신의 가치가 묻히는 건 불가능해요. 오히려 당신의 정확한 가치에 맞는 가장 만족스러운 만남이 구체적으로 준비되고 있어요.

사소한 실망 하나가 원하는 모든 것에서 멀어지게 역류로 끌고 가도록 두지 마세요. 있는 자리에서 최선을 다하고 나은 생각을 찾으세요. 끝없는 확장의 여정에서 앞에 펼쳐질 승진의 수준에 놀라고 감탄할 준비를 하세요.

있는 자리에서 시작하고 나아지는 하류 생각을 찾아보세요.

아무리 오래 있어도 아무리 헌신해도 나를 안 봐. (역류)할 수 있는 건 다 했는데도 승진 못 했다면 앞으로도 절대 못 할 거야. (역류)
이해할 수 없는 불공평한 뭔가가 작용하고 있어. (역류)

이렇게 생각하고 느끼는 게 당연하겠지만 이것들은 모두 무력함에서 나온 역류 생각이에요. 계속 찾아보세요.

그 자리는 내 것이어야 했어. (역류)
내 고용주도 내가 더 자격 있다는 걸 알 텐데 그렇다면 이 불공평한 결정을 내릴 이유가 뭘까? (역류)
그냥 때려치워야겠어. 나 없이 돌아가는 꼴 보면 재미있겠다.

(하류)

그때서야 누가 그동안 다 떠받치고 있었는지 알겠지. (하류)

아, 복수의 달콤한 안도감! 여전히 아주 부정적이지만 아까 무력함에 비하면 나아졌어요. 계속 찾으세요.

직장에서 열심히 일하는 게 나만은 아니야. (하류)

받는 것보다 더 많은 감사와 보상을 받을 자격이 있는 사람이 많아. (하류)

그 많은 사람한테 피해를 주면서까지 뒤집어엎겠다는 건 아니야. (하류)

가족과 나한테 어려움을 안기면서까지 그만두겠다는 것도 아니야. (하류)

이 승진을 원한 게 나만은 아닐 거야. (하류)

자격이 있다고 느낀 것도 나만은 아닐 거야. (하류)

마음 추스르고 이걸 최대한 활용할 수 있어. (하류)

승진한 사람을 지켜보면서 차이를 만든 특성을 찾아볼 거야. (하류)

배우고 확장하려는 마음이 있어. (하류)

이 승진이 정말 나한테 최선이 아니었을 수도 있어. (하류)

앞으로 더 좋은 게 있을 수 있어. (하류)

솔직히 생각해보면 그 자리의 책임을 감당할 준비가 안 됐을 수도 있어. (하류)

하지만 이번 일이 생각하게 만들어줘서 좋아. (하류)

과정에서 에너지를 얻은 느낌이야. (하류)

내 인식과 시야가 넓어진 게 느껴져. (하류)

이렇게 펼쳐진 것에 대해 불만이 없어. (하류)

사실 지금 내가 있는 자리가 꽤 좋아. (하류)

아직 올 것들에 대한 기대가 느껴져. (하류)

예시 13. 딸이 자꾸 거짓말을 한다

"딸이 내 앞에 서서 전혀 움찔하지 않고 뻔한 거짓말을 해요. 그렇게 화나지 않았다면 웃겼을 거예요. 거의 모든 것에 대해 거짓말해요. 사소한 것에 대해서도요. 항상 정직이 최선이라고 믿어왔고 거짓말의 본을 보인 적이 없어요. 왜 이러는 거예요? 정말 화가 나요."

우리 모두 강력한 창조자라는 걸 알고 이 몸으로 왔어요. 하지만 태어나자마자 '이렇게 해, 저렇게 해'라는 환경 속에 놓여요. 어릴 때는 진짜 나에 대한 감각이 더 또렷하지만 주변 사람들이 자기들이 원하는 것, 생각하는 것, 요구하는 것을 끼워 넣기 시작하면서 내 안이 갈라지는 걸 느끼기 시작해요.

보통 이건 천천히 진행돼요. 주변 어른들이 '잘 따라오고 있네' 하고 만족할 정도로요. 하지만 딸처럼 아주 강한 존재들은 거기에 저항해요.

처음에 이 저항은 뭔가를 향한 것도 아니고 아이 스스로 의식하지도 못해요. 다른 사람들의 영향으로 내 안이 갈라지면서 강하게 안 좋은 감정을 느끼는 거예요. 기분 좋고 싶은데 안 좋은 사람이라면 누구나 그렇듯 그 순간 옆에 있는 사람 탓을 해요.

그래서 아이들이 이 불편함을 부모에게 쏟는 건 자연스러워요. 부모가 가장 꾸준히 가장 강하게 영향을 미치려는 사람이니까요. 거짓말은 때로 모든 사람을 기쁘게 해야 하는 불가능한 자리에서 느끼는 강한 불편함의 증상이에요.

사람들은 쉽게 따르고 시키는 대로 하고 순순히 맞추는 아이를 '좋은 아이'라고 생각해요. 반면에 자기 생각이 있고 남의 아이디어를 따르고 싶지 않은 아이는 '말썽꾸러기'이고 '어렵다'고 여겨져요. 문제는 보통 이럴 때 생겨요. 아이가 살면서 자기 안에 원하는 것을 쌓아왔고 거기로 끌려가고 있는데 누군가가 그 길을 막을 때요.

부모와 아이 사이의 대부분의 투쟁은 부모가 아이들이 살기 위해 나온 삶을 살도록 놓아주지 않기 때문에 생겨요. 부모는 보통 정말 좋은 의도를 갖고 있어요. 아이에게 최선이라고 배워서 믿는 것을 원하지요. 하지만 이 세상에 나오는 모든 사람은 자기만의 목적과 계획을 갖고 와요.

지침과 규칙을 정하고 아이들이 시킨 대로 하는지 주의 깊게 감시하면 사실 그들 존재의 본질을 훼손하고 있는 거예요. 스스로 선택하도록 놓아주지 않는 거예요. 거기에는 아이들을 믿지 않는다는 태도가 담겨 있어요. 아이들이 그 냄새를 한번 맡으면 당신은 환영받지 못해요. 그 태도가 아이들 자신의 참자아가 아는 것과 너무 반대이니까요. 당신과 그 태도 주변에서 보내는 시간이 적을수록 아이들은 더 편해요.

누군가가 당신과 당신의 삶을 스스로 창조하려는 의도 사이에 끼어들면 조심하세요. 절대 잘 풀리지 않으니까요.

아이들에게, 사실 누구에게든 강한 규칙을 내세우면 의도하지 않았지만 거짓말을 위한 완벽한 환경을 만들고 있는 거예요. 아이들은 규칙을 지킬 때 당신의 좋은 반응과 어길 때 당신의 나쁜 반응을 지켜봐요. 어느 순간 당신의 반응이 아이들의 주된 관심사가 되고 그 반응을 얻는 방법은 덜 중요해져요. 당신 기분을 좋게 유지하려고 거짓말하는 거예요.

참자아와의 단절에서 오는 공허함은 다시 연결하는 것 외에 채울 방법이 없어요. 근원과의 연결을 직접 돌보는 멋진 경험을 발견하고 나면 아이들에게도 같은 걸 격려할 수 있어요. 아이들이 당신의 명확함, 가벼운 마음, 전반적인 좋은 느낌을 보면서 당신의 모범을 통해 자기 안내에 어떻게 연결하는지 배울 거예요. 그 이해는 어떤 규칙에 따르게 하는 것보다 훨씬 더 가치 있어요.

흥미로운 장면이에요. 딸은 어떤 이유에서든 근원과 연결되어 있지 않고 그래서 기분이 안 좋아요. 당신은 딸에게서 보고 싶지 않은 걸 보고 그래서 당신도 근원과 연결되어 있지 않고 기분이 안 좋아요. 느끼는 방식에 대해 딸을 탓하고 딸은 느끼는 방식에 대해 당신을 탓해요. 계속 돌아가요.

지금 눈앞의 증거가 쉽게 떠올려주지 않더라도 딸에 관한 하류 생각을 의도적으로 찾고 저항을 놓고 진짜 나와 일치하면 더 넓은 관점의 눈으로 딸을 보는 게 점점 쉬워질 거예요. 그걸 해내면 딸 안에서도 연결이 일어날 거라는 건 우리의 확실한 약속이에요.

당신이 진정으로 누구인지와 일치해 있을 때 딸에게서 최선만을 보게 돼요. 그리고 딸이 진정으로 누구인지와 일치해 있을 때 당신에게 거짓말할 이유가 없어요.

부모가 아이들에게 줄 수 있는 것 중 자신의 안내와 정렬되어 있는 모범보다 더 큰 선물은 없습니다. 꾸준히 참자아와 맞는 하류 생각을 찾는 사람이 되면 아이들도 그 넓은 안내와의 연결을 유지하는 법을 배울 거예요. 그러면 번창이라는 선물이 세대에서 세대로 이어질 수 있어요. 있는 자리에서 시작하고 딸에 대해 나아지는 감정을 찾으세요.

딸이 진실이 나을 때도 나한테 거짓말해. (역류)
거짓말해야 할 이유를 모르겠어. (역류)
대부분 거짓말하면 결국 들통나. (역류)
딸이 나쁜 습관을 키우는 걸 원하지 않아. (역류)

모든 사람이 자기만의 관점이 있다는 건 알아. (하류)
이유를 이해하지 못하지만 그 애 나름의 이유가 있을 수 있다는 건 알겠어. (하류)
나한테 진실을 믿고 말해줬으면 좋겠어. (하류)

내가 항상 참자아와 연결된 상태에서 반응했다면 아마 지금 나를 더 믿고 있을 거야. (하류)

돌아가서 되돌릴 수는 없지만 이제부터 더 놓아줄 수 있어. (하류)

때때로 더 좋은 모습으로 보이려고 거짓말한다는 걸 알겠어. (하류)

거짓말할 때마다 참자아에서 벗어나 있다는 것도 이해해. (하류)

벌주는 게 아니라 참자아와의 연결을 일깨워주는 쪽으로 가고 싶어. (하류)

거짓말은 끊어진 연결에서 나온 거야. 내가 돌봐주고 싶은 건 거짓말이 아니라 그 연결이야. (하류)

이제 관심은 거짓말 자체가 아니라 거짓말의 이유야. (하류)

거짓말을 멈추게 하는 것보다 근원과의 연결을 키워주고 싶어. (하류)

이 사랑스러운 아이는 근원과 연결돼 있던 때가 많았어. (하류)

어렸을 때 매일 나에게 영감을 줬어. (하류)

그걸 돌려줄 힘이 내 안에 있어. (하류)

예시 14. 가족 중 누군가와 오래도록 말을 끊고 살았다

"1년도 전에 언니와 크게 싸웠고 그 뒤로 서로 말을 안 했어요. 가끔 그냥 전화해야 하나 싶다가도 마지막에 얼마나 화가 났었는지 떠오르면 다시 그 감정으로 돌아가고 싶지 않아요. 말을 하지 않는 게 좋지는 않지만 그때 느꼈던 것보다는 훨씬 나아요. 싸움은 언니가 시작했고 내 입장을 이해하려고도 안 했어요. 늘 고집이 세고 늘 자기가 옳다고 생각해요. 나는 평화를 위해 항상 양보하는 쪽이었어요. 하지만 항상 양보하는 사람이 되는 게 지쳐서 그냥 전화를 안 해요."

대부분의 사람은 사랑받고 싶고 감사받고 싶고 이해받고 싶어요. 하지만 문제는 다른 사람이 나를 사랑하는지, 감사하는지, 이해하는지를 내가 통제할 수 없다는 거예요.

사랑하는 것이 사랑받는 것만큼 기분 좋다는 걸 알아차린 적 있나요? 감사하는 것이 감사받는 것만큼, 이해하는 것이 이해받는 것만큼요. 그리고 가장 흥미로운 건 그것에 대해 완전한 통제권이 있다는 거예요. 내가 원하기로 결정했기 때문에 누군가를 사랑할 수 있어요.

그 사람이 한 일이 너무 화가 나서 사랑하려는 시도조차 하고 싶지 않을 수 있어요. 하지만 그 사람을 사랑하지 않는 한 진짜 나에서 벗어난 상태로 머무르게 된다는 걸 이해해주세요. 좋든, 싫

감정이 알려주는 것들

든 당신의 참자아는 그 사람을 사랑하고 있으니까요.

그 사람이 내 생각의 주제인데 떠올릴 때마다 끔찍한 기분이 드니까 그 기분을 그 사람 탓으로 돌려요. 그러면 화를 유지할 충분한 이유가 되죠. 그 사람 때문에 이렇게 기분이 나쁜 것 같으니까요. 그 사람이 달라지면 기분이 나아질 텐데 달라지지 않으니 나아질 수 없다고 생각해요. 그래서 그 사람이 내 기분을 쥐고 있는 것처럼 보여요. 화가 나는 게 당연해요. 가장 소중한 것을 넘겨준 거니까요. 내 힘의 열쇠를요.

무슨 일이 있어도 느끼는 방식을 통제할 수 있다는 걸 기억하면 자신의 힘을 되찾을 수 있어요. 그다음에 진짜 나로 돌아올 수 있어요. 진짜 나로 돌아오면 그 사람의 행동, 말, 태도를 제자리에 놓기가 훨씬 쉬워요. 그건 내 일이 아니에요. 심지어 나에 대한 그 사람의 생각조차 내 일이 아니에요.

관계에서의 상처가 어린 시절까지 거슬러 올라가더라도 생각보다 훨씬 적은 노력으로 자신을 되찾을 수 있어요. 시간을 거슬러 올라가 모든 걸 다시 생각하고 정리하고 치유책을 찾을 필요가 없으니까요. 그때나 지금이나 고통은 항상 한 가지에 관한 거예요. 지금 생각하고 있는 것이 만들어내는 지금의 진동, 그리고 그 진동이 참자아의 진동과 얼마나 떨어져 있는지. 당신은 사랑하는 사람이에요. 어떤 이유로든 사랑하지 않을 때 스스로를 찢어놓고 있는 거예요.

불편함의 대상이 언니이든, 사악한 독재자이든, 당신을 사랑했다가 떠난 누군가이든, 분노나 증오가 정당하다고 느끼는 건 이해해요. 하지만 무슨 일이 있어도 사랑과 감사 외에 다른 어떤 것에도 정당성은 없어요. 진짜 나에서 벗어나면서 치르는 대가는 너무 커요. 그 어떤 것도 진짜 나에서 끊어지는 것을 정당화할 수 없어요. 이제 안도감을 찾아보세요.

이 분노가 오랫동안 나를 짓누르고 있었어. (역류)

그냥 놓아버릴 수 있다면 좋겠어. (하류)

우리가 왜 싸웠는지 구체적인 내용조차 기억이 안 나. (하류)

이제 그게 중요하지 않았다는 걸 알아. (하류)

그녀를 사랑하지 않았다면 그녀가 무슨 생각을 하든 이렇게 신경 쓰지 않았을 거야. (하류)

어쩌면 그녀가 뭘 생각하든 상관없이 사랑할 수 있을지도 몰라. (하류)

언니가 어떻게 생각하는지는 내가 통제할 수 없어. (하류)하지만 내 생각은 내가 통제할 수 있어. (하류)

내 생각을 내가 정할 수 있다는 데서 진짜 자유를 느껴. (하류)

항상 그걸 원했던 것 같아. 그래서 생각을 통제하지 못할 때 그런 분노가 올라온 거야. (하류)

이제 언니한테 책임을 떠넘기는 건 그만할 때인 것 같아. (하류)

여기서 이해해야 할 게 있어요. 우리는 안도감을 찾고 나서 행동으로 옮기라고 하는 게 아니에요. 언니에게 전화해서 화해하라는 게 아니에요. 우리가 바라는 건 당신이 자기 자신과 화해하는 거예요. 진짜 나와 온전히 하나가 되는 생각을 선택하는 방법을 찾는 거예요. 그 자리에서 행동에 대한 영감이 떠오를 수 있어요. 진짜 나와 하나인 자리에서 영감받은 행동은 항상 당신에게 유리해요. 그렇지 않은 자리에서의 행동은 절대 유리하지 않아요. 이건 언제나 확실해요.

기분이 훨씬 나아졌어. (하류)

나는 언니를 사랑하고 감사해. (하류)

나중에 전화할지도 몰라. 아니면 안 할지도. (하류)

지금 당장 결정할 필요는 없어. (하류)

기분이 나아졌으니 그 좋은 느낌을 유지하세요. 기분 좋은 데서 벗어날 때마다 생각을 다시 잡아서 그 느낌을 지키세요. 시간이 지나면 이 나아진 생각들이 이 주제에 관한 평소 생각이 돼요. 그때쯤이면 상황이 자연스럽게 나타나서 다음 단계로 행복하게 넘어가게 돼요.

기분이 나아지면 바로 행동에 뛰어들고 싶어져요. 다른 사람들을 내가 도달한 좋은 상태에 맞추고 싶어지죠. 하지만 이 새로운 감정이 내 안에서 진짜로 자리 잡을 때까지 잠시 그 안에서 즐기는 게 좋아요. 그러면 끌어당김의 법칙이 다른 사람들과의 만남, 상황, 사건의 조율을 알아서 해줘요. 당신이 할 일은 하나예요. 안도감을 찾고 진짜 나와 하나가 되는 것. 그게 유일한 일이에요.

예시 15. 어머니가 나를 잊어가고 있다

"어머니가 알츠하이머병 진단을 받으셨고 매우 걱정돼요. 앞으로 어머니의 삶이 어떻게 될지, 어떻게 돌봐야 할지 걱정이에요. 의사가 아직 초기 단계라고 했지만 꽤 빠르게 진행될 수 있으니 준비하라고 했어요. 이런 것에 어떻게 준비하는지 전혀 모르겠어요. 어머니는 항상 대화와 아이디어 토론을 즐기는 아주 똑똑한 분이셨어요. 그 모든 걸 잊어가는 모습을 지켜보는 걸 견딜 수 있을 것 같지 않아요."

다른 사람의 경험을 관찰할 때 그 경험에 대한 당신의 관점은 당사자의 관점과 항상 다르다는 걸 기억하면 도움이 돼요. 어머니는 초점이 줄어들면서 부정적인 감정을 전혀 느끼지 않을 수 있어요. 하지만 당신은 그것 때문에 자신을 많이 괴롭힐 수 있어요.

어머니가 점점 흐려져 가는 것처럼 보일 때 다시 또렷하게 돌아오게 할 방법을 찾고 싶을 수 있어요. 어떤 사람들은 아이에게 뭔가를 배우게 하려는 것처럼 게임과 자극을 주면서 사랑하는 사람에게 더 집중하라고 유도하려 애써요.

하지만 이 선의의 사람들은 부모의 상태에 대해 아주 중요한 걸 놓치고 있어요. 이 질병은 부모가 스스로 창조한 가장 쉬운 길이에요. 물질적 경험에서 점진적으로 빠져나가기 위한 것이고 그들을 여기 붙잡으려는 어떤 노력도 그들을 돕지 않아요.

물론 어머니가 맑고 또렷하고 기쁘게 살고 계시다면 당신도 기분이 좋겠지만 그걸 대신 만들어줄 수는 없어요. 대부분의 사람은 이런 상황에서 자기 안의 균형을 찾지 못해요. 느끼는 방식이 나아지기 전에 상황이 먼저 나아지기를 기다리니까요. 하지만 이런 상황은 고칠 방법이 없기 때문에 자기 균형을 유지하는 방법도 찾지 못해요.

'상황이 나아지면 기분도 나아질 거야.' 대부분의 사람이 원하는 게 이거예요. 하지만 정말로 필요한 건 어떤 상황에서든 균형을 유지하고 진짜 나와의 연결을 지키는 능력이에요. 무조건적인 사랑이란 나를 둘러싼 조건에 상관없이 사랑인 근원과의 연결을 유지하는 거예요.

이 상황에서 어머니는 자기를 흔들리게 했던 생각들에서 풀려나는 방법을 찾은 거예요. 죽음의 경험에서 그녀는 완전한 연결을 경험할 거예요.

하지만 감정이 무엇을 말하고 있는지 이해하고 점점 더 나은 생각을 찾으려는 의식적인 노력을 하면 알츠하이머병이나 죽음의 경험 없이도 완전한 연결에 도달할 수 있어요.

있는 자리에서 시작하세요. 어머니에게 경험의 조건을 바꾸라고 요청하지 않고 지금 바로 자기 안의 균형을 찾기 시작하세요.

어머니가 삶에 대한 통제력을 잃어가는 걸 보는 게 견딜 수 없어. (역류)

항상 그렇게 뛰어난 분이셨어. 이런 일이 어머니에게 일어날 줄은 생각도 못 했어. (역류)

어머니의 좌절이 보이지만 사실 평소에 느끼시던 것보다 더하지는 않아. (하류)

감정이 알려주는 것들

오히려 예전에 어머니를 화나게 했던 많은 것이 더 이상 중요하지 않아진 것 같아. (하류)

지금 보이는 답답함은 그동안 자주 보던 분노 대신 온 것 같아. (하류)

요즘 어머니에게서 편안한 내려놓음 같은 게 자주 보여. 오래 싸워온 많은 것을 놓은 것처럼. (하류)

어떤 것들에 대한 기억은 여전히 생생해. (하류)

어머니는 분명히 우리 가족만큼 이것 때문에 괴로워하고 있지 않아. (하류)

어머니가 영원히 살 거라고 생각한 적은 없어. (하류)

나보다 더 오래 살 거라고 믿지도 않았어. (하류)

부모의 죽음에 준비돼 있다고 상상하기 어렵지만 어떤 면에서 이 질병이 우리 모두를 준비시키고 있어. (하류)

무엇보다 어머니를 준비시키고 있는 것 같아. (하류)

이렇게 보니 이 과정에 감사를 느껴. (하류)

모든 것이 우리에게 가장 이로운 방향으로 움직이고 있다는 걸 이해하게 돼. (하류)

균형이 안 맞고 불리해 보이는 것들이 실제로는 우리에게 이로울 때가 있어. (하류)

우리는 항상 축복받고 있고 일은 항상 잘 풀리고 있다는 걸 기

억하고 싶어. (하류)

예시 16. 나는 왜 정리정돈을 못 할까

"저는 정리를 잘하는 사람이 되고 싶은데 못하겠어요. 관심사가 다양하다 보니 그때마다 물건이 따라와요. 그래서 집이 흥미로운 것으로 가득 찼는데 어디를 봐도 어질러져 있어요.

새 프로젝트를 생각하고 관련된 물건을 모으는 건 하는데 정리할 시간은 못 만들겠어요. 물건 찾는 데만 시간을 엄청 써요. 가끔 오늘은 다 정리하겠다고 하루를 잡는데 막상 시작하면 너무 막막해서 바로 막혀버려요.

대부분 버려야 한다는 걸 알아요. 그런데 버리고 나면 필요할까 봐 두려워서 못 버리겠어요. 그래서 계속 모으고 물건에 파묻혀 살아요. 다른 사람한테 맡길 수도 없어요. 뭐가 중요한지 아무도 모르니까요. 다른 사람이 정리하면 어차피 어디에 뭐가 있는지 모를 거고요. 치우고 정리해야 한다는 건 아는데 마비된 것처럼 느껴져요."

이건 현재 상황이 어떻든 끌어당김의 법칙이 어떻게 작용하는지 보여주는 좋은 예예요. 어질러진 것을 둘러보면 압도당하는 느낌이 들고, 압도당하기 때문에 아무것도 할 수 없어요. 그러니 이제 지금 당신이 할 일은 어질러진 물건을 정리하는 게 아니라는 걸 알 수 있을 거예요. 이미 마비되어서 다룰 수 없다고 인정했으니까요.

먼저 감정 상태를 나아지게 하는 방법을 찾아야 해요. 일단 감정적으로 기분이 나아지면 물건을 정리하는 방법도 찾게 될 거예요. 다시 말해서 먼저 마음의 어지러움을 다뤄야 해요. 그래야 바깥에 나타난 것도 다룰 수 있어요.

이 물건을 버려야 해. (역류)

이렇게 많은 쓰레기를 모았다니 미쳤나 봐. (역류)

내가 무슨 생각을 했던 거지? (역류)

하지만 물건을 버리면 꼭 그게 필요해져. (역류)

점점 더 나빠져. (역류)난

한 번도 정리된 적이 없어. (역류)

이 말은 모두 사실이고 모두 역류하는 생각이에요. 그리고 지금 느끼는 것을 나타내요. 하지만 이제 상황이 어떤지, 어땠는지에 대한 말 대신 기분이 나아지게 하는 말을 하려고 해보세요. 여기서 목표는 있는 그대로에 대한 사실을 말하는 게 아니라 안도감을 주는 말을 하는 거예요. 주제에 대해 안도감을 계속 찾을 수 있다면 에너지가 전환될 거예요. 마비된 느낌은 기분 좋은 행동 아이디어로 바뀔 거예요. 기분이 나아진다는 건 참자아와 더 맞춰지고 있다는 뜻이에요.

내 관심사를 추구한 것에 잘못은 없어. (하류)

관심사에 필요한 재료를 모으는 건 자연스러운 거야. (하류)

많은 사람이 자기만의 매력적인 관심사나 취미를 갖고 있어. (하류)

이 물건을 찾았을 때의 열정이 기억나. (하류)

이 주제들에 대한 관심이 어떻게 이것들을 찾게 했는지 알 수 있어. (하류)

그게 바로 끌어당김의 법칙이야. (하류)

이걸 전부 버릴 필요는 없어. (하류)

관심 있는 것을 모으는 데 잘못된 건 없어. (하류)

모든 것을 잘 저장하고 분류해서 원할 때 찾을 수 있게 하는 방법을 찾을 거야. (하류)

한 번에 다 할 필요는 없어. (하류)

이것과 함께 한동안 살아왔고 급할 것 없어. (하류)

시간이 지나면 이것으로 뭘 해야 할지 알아낼 거야. (하류)

이것을 찾는 걸 즐겼던 것처럼 정리하는 것도 즐길 거야. (하류)

바깥으로는 아무것도 변하지 않았지만 생각을 참자아와 일치하는 쪽으로 돌렸더니 압도당하는 느낌이 걷힌 거예요. 이걸 알아차려 보세요. 자신에 대해 불친절한 생각을 선택할 때마다 당신에게 오직 사랑만 느끼는 참자아와 반대 방향으로 가고 있다는 것을 알았으면 해요. 자신을 비하하거나, 꾸짖거나 비판할 때 더 큰 부분의 자신과 일치에서 벗어나 있어요. 자기 비하의 생각보다 더 무력하게 만드는 생각은 없어요. 자신에게 관대해질 때 참자아와 다시 일치해요.

어떤 사람들은 자신의 단점을 보지 않으려는 것이 건강하지 않은 부정이라고 말해요. 우리는 오히려 자신의 단점을 지적하는 것이 가장 큰 부정이라고 대답해요. 그것이 참자아로부터 분리시키니까요.

어떤 사람들은 자신의 좋은 점을 찾는 사람들을 오만하거나 이기적이라고 비판해요. 우리는 이기적인 것은 좋은 것이라고 대답해요. 참자아와 일치하는 것에 충분히 신경 쓰면 확실히 자신을 위한 거예요. 기분이 훨씬 나아지니까 알 수 있어요. 그리고 이제 다른 사람들에게도 가치가 될 수 있는 위치에 있어요. 하지만 우울할 때는 다른 누구에게도 가치가 없어요. 가치를 주는 행복의 흐름에서 분리되어 있으니까요.

예시 17. 매일 막히는 도로 위에서 미쳐간다

"대도시에 살고 있는데 교통이 정말 끔찍해요. 직장까지 편도 한 시간이 넘고 그것도 잘 될 때 얘기예요. 도로 공사나 사고 때문에 몇 시간씩 갇혀 있을 때도 있어요. 직장에서 더 가까운 집을 찾아볼 수도 있겠지만 고려할 게 너무 많아요. 가족과 내가 원하는 걸 다 갖추면서 직장에 충분히 가까운 집을 찾기가 쉽지 않아요. 하지만 차 안에 갇혀서 삶을 낭비하고 있는 느낌이에요."

원하는 걸 받는 과정을 느리게 하고 때로는 영원히 못 받게 하는 가장 큰 방해가 있어요. 가고 싶은 곳에 비해 지금 있는 곳에 매달리는 거예요.

'저기 가고 싶은데 나는 여기에 있다.'는 생각을 해요. 문제는 원하는 곳보다 지금 있는 곳이 너무 눈앞에 생생하다 보니 생각의 대부분이 거기에 쏠린다는 거예요. 그러면 진동도 '여기'에 머물러요.

이렇게 생각할 수 있어요. '진짜 여기 있고 진짜 저기 가고 싶은데 나를 들어서 옮길 수는 없잖아.' 하지만 이해해주세요. 아프면서 건강해지고 싶든, 살이 쪄서 빼고 싶든, 가난해서 부자가 되고 싶든, 막힌 도로 대신 뚫린 도로를 달리고 싶든, 원리는 같아요.

'그걸 가지면 기분이 좋아질 거야'라고 믿으면서 지금 기분이

감정이 알려주는 것들

나쁘면 원하는 쪽으로 가고 있지 않은 거예요. 조건이 뭐든 지금 기분이 좋아야 해요. 그래야 조건이 나아져요. 가고 싶은 곳으로 가려면 먼저 있는 곳과 평화를 이뤄야 해요.

불쾌한 상황과 평화를 이루면 그건 굴복이고 원하지 않는 것이 더 오래 남을 거라고 걱정하는 사람이 많아요. 하지만 전혀 그렇지 않아요. 있는 곳과 평화를 이루면 기분이 나아지고 하류로 돌아서서 원하는 것을 향해 흘러가요. 불편함 속에서 몸부림치거나 불평할 때마다 역류로 향하면서 원하는 것에서 멀어져요.

교통에 대해 불평할수록 상황이 나아지는 걸 더 막아요. 어떤 사람들은 교통은 어쩔 수 없고 그 안에서의 경험은 통제할 수 없다고 말해요. 하지만 통제할 수 없는 것 중 당신에게 영향을 미치는 건 없어요. 부족의 자리에서는 긍정적인 변화를 만들 수 없어요. 안 좋은 감정에서 취하는 어떤 행동도 좋은 결과를 내지 않아요.

상황이 변하지 않아도 내 안에서 불편함을 평화로 바꿀 수 있다면 얼마 안 가서 바깥 상황도 반드시 바뀌어요. 하지만 안 좋은 조건만 계속 보면서 다르게 보려는 노력을 안 하면 나아지지 않을 뿐 아니라 끌어당김의 법칙이 '봐, 맞지?' 하는 증거를 더 가져와요. 지금 보는 것들은 다르게 보기 전까지 변하지 않아요.

많은 사람들이 이렇게 말해요. "돈이 더 있으면 풍요롭다고

느낄 거예요." 우리는 이렇게 말해요. "풍요롭다고 느껴야 돈이

와요."

의도적 창조의 열쇠는 간단해요. 어떻게 느끼고 싶은지 정하고 지금 그렇게 느끼는 방법을 찾으세요. 그러면 주변 모든 것이 새로운 끌어당김에 맞춰져요. 끌어당김의 법칙은 완전히 협력적이고 절대적으로 정확해요.

지금 있는 곳에서 가고 싶은 곳으로 가는 길은 항상 있어요. 기분이 안 좋을 때 못 찾을 뿐이에요. 꾸준히 기분이 좋으면 타이밍이 딱 맞고, 새 아이디어가 떠오르고, 막혀 있던 도로 공사가 풀리고, 원하던 프로젝트가 나타나고, 고용주가 재택근무를 제안해요. 우주의 자원은 광대하고 무한해요. 이제 그 자원에 접근할 수 있어요. 있는 자리에서 시작하고 나아지는 생각을 찾으세요.

왜 이런 곳에 살기로 해서 매연이나 마시며 시간을 보내고 있을까? (역류)

여기 앉아 있는걸 못 견디겠어. 차를 버리고 그냥 뛰쳐나가고 싶어. (역류)

교통 체증에 갇혔을 때 일부가 느끼는 이 과장된 예를 가져온

건 중요한 걸 보여주기 위해서예요. 교통에 갇혀서 지금 느끼는 감정은 교통 때문만은 아니에요. 삶이 잘 풀리고, 관계가 행복하고, 돈이 넉넉하고, 몸이 좋은 사람은 교통에 갇혀도 그렇게 괴롭지 않아요. 삶의 다른 부분에서 간신히 버티는 사람만큼 힘들지 않아요. 하지만 어떻게 느끼든, 얼마나 나쁘든, 왜 그렇게 나쁜지와 상관없이 할 일은 똑같아요. 있는 자리에서 조금이라도 안도감을 느끼려고 해보세요. 교통 때문에 느끼는 게 정말 좌절 정도뿐이라면 쉽게 나아질 수 있어요. 느린 교통 속에서 매일 꾸준히 기분을 나아지게 하면 도움이 되는 감이 와요. 도로에 진입하는 타이밍이 좋아지고 '고속도로 빠져나와서 일반 도로 타볼까' 하는 느낌이 딱 맞는 선택이 되기도 해요. 참자아와 맞춰진 상태에서는 다른 운전자들과 우주적 춤을 추듯 자연스럽게 흘러가요. 참자아와 맞춰져서 흘러가면 우주 전체가 도와줘요.

이 시간에 중요한 것들을 곰곰이 생각해야겠어. (하류)

생각이 행동보다 더 중요하니까 행동이 없는 이 시간을 생각하는 데 쓸 거야. (하류)

주변 차에 있는 사람들을 구경하는 게 재밌어. (하류)

직접 말 안 해도 다른 사람들 대화를 구경할 수 있는 파티 같아. (하류)

무슨 이야기를 하는지, 어떤 삶을 사는지 상상하는 게 재밌어. (하류)

각각의 다양한 사람들, 차들, 이야기들이 재밌어. (하류)

내 생각으로 내 이야기를 만들어간다는 게 좋아. (하류)

그 이야기가 나에게서, 내 차에서 퍼져나간다는 게 좋아. (하류)

기분 최고인 나로 맞춰지고 나면 다른 운전자들이 뭔가 느끼는 게 보여. 그게 재밌어. (하류)

이 고속도로를 천천히 내려가면서 내 진동이 만든 증거를 지켜보는 게 하루 중 가장 좋아하는 시간이 될 수도 있어. (하류)

(미래에 새로운 고민이 생길 수도 있어요. "가장 좋은 생각이 떠오르던 그 느린 교통이 그리워요."라는.)

예시 18. 헤어진 사람이 나에 대해 거짓말을 하고 다닌다

"저는 10년 넘게 결혼 생활을 했었고 10살 딸이 있어요. 작년에 이혼했고 전남편과 양육권을 공유해요. 딸이 비교적 쉽게 오갈 수 있도록 같은 도시에 살아요. 그 부분은 꽤 잘 되고 있어요.

이혼 합의서에서 딸이 주중에는 제 집에 있고 대부분의 주말에

감정이 알려주는 것들

는 아버지와 보내기로 했어요. 일부 주말은 저와 보내고 생일과 휴일은 번갈아 나눠요. 딸은 훌륭한 아이이고 이 모든 것에 잘 적응하는 것 같지만 아버지 집에 있다가 돌아오면 보통 기분이 좋지 않아 보여요. 종종 짜증을 내고 뭔가가 딸을 괴롭히고 있다는 걸 알 수 있어요.

최근 그가 나에 대해 부정적인 말을 한다는 걸 알게 되었어요. 놀랍지 않아요. 저도 그에 대해 그렇게 좋은 감정이 아니니까요. 하지만 그는 그냥 지어내요. 정말로 내가 듣는 것의 많은 부분이 순수한 거짓이고 딸에게 이런 거짓말을 해서 우리 사이에 쐐기를 박으려는 게 걱정돼요. 딸이 전남편 말을 믿고 나와 멀어질까 봐 두려워요. 나 자신을 방어하고 싶어요.

하지만 그가 정확히 무슨 말을 하는지 모르기 때문에 어떻게 해야 할지 모르겠어요. 또 누구에게 말하고 있는지, 뭐라고 하는 지도 모르겠어요. 어떻게 하면 그가 그런 짓을 멈추게 할 수 있을 까요?"

결혼 생활에서 조화를 찾을 수 없었으니 이혼 후에도 조화를 찾는 데 어려움을 겪고 있다는 건 놀라운 일이 아니에요. 하지만 가능해요. 사실 함께 보낸 시간이 두 사람 모두를 다양한 방식으로 확장시켰다는 걸 깨달으면 결혼이 끝났음에도 두 사람 모두 그 관계에서 크게 이익을 얻을 수 있어요.

우리가 가장 이해하기를 바라는 건 이거예요. 결혼은 끝났지만 이 사람과의 관계는 끝나지 않았어요. 결코 끝나지 않을 거예요. 그것이 이혼 후에 사람들이 발견하는 가장 불안한 것 중 하나예요. 어떤 상황에 대해 극도로 부정적인 감정을 느끼면서 이 사람과 헤어지면 문제가 대부분 해결될 거라고 생각해요. 하지만 대부분의 사람은 이혼 후 전 배우자에 대한 감정에서 거의 나아지는 걸 찾지 못해요. 사실 대부분은 이혼이 옳았다는 걸 정당화하느라 그 사람의 싫었던 점을 계속 떠올리면서 거기에 맞춰진 상태를 유지해요. 이제 더 이상 같은 공간에 살지 않지만 실제로 서로를 보거나 대면하지 않을 때조차 상대방의 불편한 존재는 매일 느껴지는 일로 남아 있어요.

그리고 진동이 변하지 않았기 때문에 함께한 삶의 물리적 상황이 변했음에도 다음 관계도 지난 관계와 같은 불편한 문제로 가득 차게 돼요.

이 관계가 불편했지만 당신을 확장시켰다는 걸 기억하세요. 참자아는 지금 그 확장된 존재로 서 있어요. 기분 좋은 생각을 찾고 그 생각과 맞추도록 연습할 수 있다면 이 경험에서 이익을 얻을 수 있어요. 하지만 그러려면 기분이 더 나은 생각을 찾고 유지해야 해요. 그래야 참자아와의 간격을 좁히고 이미 되어 있는 확장된 존재로 실제로 살 수 있어요.

이제 하류의 생각을 찾아볼 차례예요. 지금 있는 곳에서 시작하세요.

더 이상 그와 함께 살지 않아도 되어서 기뻐. (역류)

거의 처음부터 안 될 거라는 걸 알았어. (역류)

왜 그렇게 오래 거기 있었는지 모르겠어. (역류)

그가 여전히 문제를 일으키려 한다는 게 놀랍지도 않아. (역류)

그의 거짓말에 대해 나 자신을 방어할 수 없다는 게 싫어. (역류)

그는 너무 불안정하고 절대 변하지 않을 거야. (역류)

이 관계의 불편함에서 결코 벗어나지 못할 거야. (역류)

딸 때문에 항상 그에게 묶여 있을 거야. (역류)

기분이 더 나은 생각을 찾겠다고 결정했다고 해서 바로 솟아나지는 않아요. 끌어당김의 법칙은 지금 활성화된 진동에서 멀리 떨어진 생각을 주지 않거든요. 이 사람에 관해 꽤 오랫동안 불쾌한 생각을 해왔기 때문에 갑자기 기분 좋은 생각으로 전환하기는 어려워요. 하지만 그럴 필요는 없어요. 필요한 건 조금만 전환하는 거예요.

흐름에서 방향을 돌려 개선된 상황을 향해 흐르기 시작하는 데 정말로 필요한 건 밀어붙이는 걸 멈추는 거예요. 할 수 있는 한 불편한 생각을 놓는 거예요. 그렇게 할 때마다 약간의 안도감을 느낄 거예요. 그 안도감이 작은 하류의 추진력이 되고 이제 또 다른 안도감의 생각을 찾는 게 더 쉬워져요. 그렇게 계속돼요.

지금 당신의 목표는 그냥 역류로 노 젓는 걸 멈추는 거예요. 자기 입장이나, 이혼에 대한 결정이나, 당신이 옳다는 걸 방어하려고 하지 마세요. 아무것도 방어하지 말고 그냥 배에서 떠다니세요.

싸움에 지쳤어. (하류)
싸우고 싶지 않아. (하류)

적대감으로 가득했던 이전 말에 비해 이 말은 큰 개선이에요. 그래서 안도감을 느껴요. 한 번에 앉아서 훨씬 더 기분 좋아질 때까지 계속할 필요는 없어요. 때때로 그냥 놓아주고 역류로 가는 싸움을 중단하는 것만으로 충분해요. 하지만 조금만 더 계속할 수 있다면 그 추가적인 추진력에서 이익을 얻을 수 있어요.

이혼한 건 좋은 일이야. (하류)
그것에 대해 정말로 비난받을 사람은 없어. (하류)

그건 우리 둘 다 동의한 거였어. (하류)

딸이 쉽게 우리 둘 다와 시간을 보낼 수 있을 만큼 가까이 사는 게 기뻐. (하류)

우리 모두가 같은 집에 살지 않으니 상황이 더 나아졌어. (하류)

때때로 이 정도의 노력만으로도 훨씬 더 기분 좋은 곳으로 돌파할 수 있어요. 그런 일이 일어나면 활용해서 더 많은 하류의 생각을 하세요.

우리가 항상 관계를 가질 거라는 걸 이해해. (하류)

우리 상황을 최대한 활용하고 싶어. (하류)

딸에게서 아버지를 빼앗고 싶지 않아. (하류)

그가 딸에게서 어머니를 빼앗고 싶어 한다고 믿지 않아. (하류)

내가 그들이 이야기하는 것의 큰 부분이라고 믿지 않아. (하류)

우리 둘 다 각자의 삶을 살아가고 있어. (하류)

딸이 부모에 대해 좋게 느끼길 원해. (하류)

딸이 나에 대해 좋게 느끼길 원해. (하류)

딸이 아버지에 대해서도 좋게 느끼길 원해. (하류)

우리가 싸움을 계속할 이유가 없어. (하류)

정말로 싸우는 데 관심이 없어. (하류)

"그가 종종 나에 대해 부정적인 말을 해요······. 그냥 지어내

제3부 32가지, 노를 놓은 사람들의 이야기

요……. 많은 부분이 순수한 거짓이에요…….”라는 가장 아픈 문제를 피한 것처럼만 보일 수 있어요. 맞아요. 과정의 시작에서 가장 불편한 문제들을 의도적으로 피하고 있어요. 그래야 안도감을 찾을 가능성이 더 높으니까요.

느끼는 감정을 인식하고 안도감을 주는 생각을 일관되게 찾는다면 시간이 지나면서 이 강렬한 부정적인 감정도 가라앉을 거예요. 전남편이 변해서가 아니라 이 관계를 통해 확장된 당신 자신과 일치하게 되었기 때문이에요.

참자아와의 간극을 좁히고 삶이 당신을 되게 한 확장된 존재로 사는 것의 가치를 이해할 때 그토록 많은 슬픔을 안겨준 것처럼 보이는 그 전 배우자에게 오히려 감사하는 곳에 도달할 수 있어요. 그 모든 것은 때가 되면.

예시 19. 운전할 때 참견하는 그이

“저는 운전을 잘해요. 사고를 낸 적이 없고 운전을 많이 해요. 방향 감각이 최고는 아니고 지도 읽는 것도 잘 못하지만 한번 어딘가를 운전해서 가면 보통 다시 가는 방법을 기억해요.

남편과 저는 차 안에서 많은 시간을 함께 보내는데 그는 제가 운전하는 걸 선호해요. 하지만 제 운전에 대한 모든 결정을 내리고 싶어 해요. 끊임없이 차선을 바꾸라거나 이 큰 트럭 뒤에서 나오라고 해요. 심지어 주차장에서 어떻게 이동할지도 정하고 싶어 해요. 운전하면서 내릴 수 있는 선택이 많은데 대부분은 거의 같은 결과로 이어져요. 주차장에서 나가는 데 저 길보다 이 길이 왜 그렇게 더 나은지 모르겠어요. 그리고 때때로 그의 방식이 조금 더 나을 수 있지만 운전대를 잡고 있는 건 저인데 옆에서 지시를 하니까 제 자연스러운 판단이 계속 무시당하는 느낌이라 불편해요.

저는 그가 운전하고 싶으면 운전석에 있어야 하고 제가 운전할 때는 제가 운전하게 해야 한다고 생각해요. 그가 가끔 도움이 되는 제안을 하되 제 모든 성향을 무시하지 않는 행복한 타협이 필요해요.

주차 공간에서 후진할 때조차 끊임없이 괴로워요. 차가 어디에 있는지 보고 자연스럽게 내린 선택이 그의 제안과 맞을지 궁금해하면서요. 이런 조건에서 운전하는 건 유쾌하지 않고 안전하지도 않아요. 내린 결정을 그냥 실행하기보다 미친 사람처럼 주저하는 저를 발견해요."

당신이 하고 있는 경험은 공동 창조의 경험이라는 것을 알아두는 게 중요해요. 다시 말해서 남편이 당신에게 이것을 하는 것이 아니라 두 사람이 시간이 지나면서 이 상황을 함께 창조한 거예요. 당신이 정말로 어느 쪽으로 갈지 결정할 수 없었던 때에 시작되었을 수 있어요. 그때 배우자가 최선의 경로에 대한 명확한 그림을 가졌을 수 있고요.

종종 다른 관점에서의 제안은 매우 도움이 될 수 있어요. 하지만 지금 일어나고 있는 것은 끊임없는 제안에 대해 너무 초조해져서 참자아와 일치에서 벗어나 있다는 거예요. 이 상태에서 당신은 주저하며 운전하고, 그러면 배우자는 더 도와줘야 한다고 느껴요. 당신이 흔들리니까 집중 없이 운전하고 그가 돕고 싶어 하고 그러면 더 흔들려서 더 집중 없이 운전하고 그래서 또 돕고 싶어 하는…… 불편한 순환이에요. 두 사람 모두 행동과 말의 습관뿐만 아니라 이 상황에 대한 생각과 감정의 패턴을 만들어 왔어요.

짜증과 좌절의 자리에서는 해결책을 찾을 수 없어요. 당신의 운전은 개선될 수 없어요. 그리고 당신도 운전이 문제라고 생각하지 않으니까 운전을 개선할 이유가 없다고 느껴요.

배우자에게 다르게 해달라고 요청할 방법도 없어요. 그래서 이 상황에 대해 느끼는 방식을 바꾸지 않는 한 아무것도 나아질 수 없어요.

이 상황을 보는 많은 사람은 그냥 그가 운전하게 하거나, 따로 차를 타거나 자기 생각은 속에 담아두라고 말하라고 제안할 수 있

감정이 알려주는 것들

어요.

하지만 당신도 그의 제안이 정말 도움이 될 때가 있다는 걸 인정하세요. 상황을 더 복잡하게 만들지 않고 행동 패턴을 조율하거나 규칙으로 정하는 건 불가능해요. 다시 말해서 운전에 간섭하지 말라고 그에게 말한다면 도움이 되는 제안까지 막는 거예요. 때로는 정말 도움이 되는 그 다른 시각을요. 누구에게든 "항상 이렇게 해" "항상 저렇게 해"라고 정해놓는 건 불가능해요. 삶을 단순하게 만들려고 그러고 싶지만 현실적으로 안 돼요.

당신이 정말로 원하는 건 참자아의 넓은 관점과 맞춰서 그 넓은 시야의 이점을 누리는 거예요. 참자아의 모든 자원과 맞춰서 무엇을 하든 탁월하게 해내는 거예요.

참자아와 맞춰지면 솜씨 있게 명확하게 정확하게 행동하게 된다고 약속해요. 본능은 날카롭고 명확해지고 좋은 결정을 내려요. 배우자가 여전히 운전하면서 이런저런 제안을 하고 싶어 할 수 있지만 그때는 당신의 능력을 의심해서가 아니라 함께 즐기고 싶어서 그러는 거예요.

배우자를 바꿀 방법은 없어요. 그를 달래려고 행동을 고칠 수도 없어요. 하지만 참자아와 맞출 수는 있어요. 그렇게 하면 모든 것이 달라져요.

그래서 다시 한번 당신의 일은 같아요. 지금 있는 곳에서 시작해서 참자아와 맞는 더 기분 좋은 하류의 생각을 찾아보세요.

어떤 사람은 이렇게 말해요. "에이브러햄, 당신의 제안은 항상 제가 뭘 해야 하는지에 관한 거잖아요. 제 삶에 있는 다른 사람한테는 변하라고 안 하면서요. 항상 노력하고 변해야 하는 사람이 저라는 게 공평하지 않아요."

왜 짜증나는지 이해해요. 하지만 그걸 역류로 볼 수도 있고 하류로 볼 수도 있어요.

모든 변화를 왜 내가 해야 해. (역류)

내 삶에 영향을 미칠 힘을 내가 갖고 있어. (하류)

내 삶을 더 좋게 만들려면 다른 사람이 달라져야 한다고 생각하면 정말로 무력한 자리에 있는 거예요. 다른 사람의 행동은 통제할 수 없으니까요. 그래서 그런 생각은 항상 역류예요.

하지만 생각을 선택할 수 있으니까 느끼는 방식도 선택할 수 있다는 걸 이해하고 연습하면 어떤 주제든 참자아와 맞출 수 있다는 걸 이해할 때 느끼는 방식을 완전히 통제할 뿐 아니라 삶이 기쁜 방식으로 펼쳐지게 돼요. 그것이 하류의 생각이에요.

남편이 왜 그런 방식으로 행동하는지 분석하려고 하면 미쳐버릴 거예요. 과거 운전자들과 나쁜 경험이 있었나? 관여하지 않으면 지루해하나? 통제 문제가 있나? 내가 정말로 끔찍한 운전자인가? 이렇게 파고들면 일은 더 나빠질 뿐이에요. 이 상황을 초래한 것을 이해할 필요는 없어요. 다만 지금 여기서 그것과 맞는 진동을 보내는 걸 멈춰야 해요.

있는 그대로를 관찰하는 건 그것을 계속되게 할 뿐이에요. 어떻게 시작되었는지 알아내려는 것도 마찬가지예요. 기분 나쁜 상태에서 행동하는 것도요. 상황이 나아지려면 먼저 기분이 나아져야 해요. 그러니 지금 있는 곳에서 시작해서 더 나은 기분의 하류 생각을 찾아보세요. 한 문장씩 조금씩 나아지는 걸 느껴보세요.

운전하는 동안 남편이 내 모든 움직임을 지시하려는 게 싫어. (역류)

모든 정답을 안다고 확신하면 직접 운전해야지. (역류)

때때로 그는 도움이 되는 제안을 해. (하류)

나는 운전에 집중하니까 그가 대안을 둘러볼 수 있어. (하류)

둘이 함께하면 더 나을 때가 있어. (하류)

운전하다가 실수해도 그는 짜증 내지 않아. (하류)

그는 내 기분을 나쁘게 하려는 게 아니야. (하류)

그의 제안은 좋은 의도야. (하류)

우리가 함께 흐를 때 정말로 잘 흘러. (하류)

관심 있는 파트너가 있다는 게 좋아. (하류)

우리가 함께하고 있다는 느낌이 들어. (하류)

그의 관심에 감사해. (하류)

그의 도움에 정말 감사해. (하류)

나는 운전을 잘해. (하류)

나는 좋은 도우미와 함께하는 좋은 운전자야. (하류)

우리는 정말 좋은 팀이야. (하류)

예시 20. 아버지와 아들 사이에서 끼어 숨이 막힌다

"저는 이전에 결혼했었고 그때 낳은 10대 아들이 있어요. 현재 남편과 아들은 사이가 좋지 않아요. 공개적으로 적대적이지는 않지만 남편은 아들이 하고 싶지 않은 일을 하게 하려고 끊임없이 잔소리해요.

아들은 매우 똑똑하고 꽤 독립적이에요. 뭔가에 열정적일 때는 항상 뛰어나지만 자기 방식대로 하고 싶어 하고 코치받거나 지시받는 걸 좋아하지 않아요. 그래서 둘 사이에 끊임없는 권력 투쟁이 일어나고 저는 중간에 끼어 있어요.

남편은 아이들이 어떻게 행동해야 하는지에 대해 매우 강한 의견이 있고 아들이 자신이나 저에게 무례하다고 생각하면 정말 화를 내요. 남편의 방식에 동의하지 않지만 그를 지지하고 싶어요.

싸움에 너무 지쳤어요. 솔직히 재혼 가족이 정말로 행복을 찾는 경우가 있는지 궁금해요. 정말로 의붓자녀를 사랑하는 의붓부모가 있기는 한 건가요?"

이 상황에서 중간에 끼어 있는 게 얼마나 힘든지 이해해요. 하지만 이 상황 덕분에 아주 중요한 걸 이해할 수 있어요. 다른 사람과의 관계를 관리하는 건 생각보다 쉬울 수 있어요. 상대가 뭔가를 원하고 당신이 기꺼이 해주면 관계는 꽤 원만하게 유지돼요.

대부분의 사람은 요구를 충족시켜주면 당신을 꽤 좋아해요. 많은 사람이 관계를 그렇게 관리해요. 한쪽이 지배적인 역할을 맡고 다른 쪽이 따라가요. 따르는 쪽은 따르고 이끄는 쪽은 이끌면서 각자 선택한 역할을 어느 정도 받아들여요. 대부분의 관계가 어느 정도 그렇다는 게 놀라울 수 있어요. 하지만 당신에게 다른 것을 요청하는 세 번째 사람이 들어오면 관계의 기초가 흔들려요.

당신의 상황에서 당신과 아들은 이미 관계를 확립했어요. 깨닫지 못했을 수 있지만 아들이 지배적인 역할을 맡았고 당신이 따라가는 역할을 맡았어요. 그게 둘의 성격에 잘 맞았어요. 아들이 자립적이고 상당 부분 스스로 잘 해내고 삶이 꽤 잘 돌아갔기 때문에 통제권을 가져야 한다고 느끼지 않았어요. 하지만 새 남편이 들어와서 지배적인 역할을 맡으려 할 때 균형이 무너진 거예요.

한 사람만 기쁘게 하는 건 그렇게 어렵지 않아요. 하지만 각각 당신에게 다른 것을 원하는 두 사람이 있으면 이제 누구를 기쁘게 할지 선택해야 해요. 그리고 그들이 당신이 자기 뜻대로 해줘야만 기분이 좋다고 믿는다면 정말 문제가 생겨요. 둘 다를 만족시킬 수 없으니까요. 이런 상황에서 기쁘게 하려는 사람이 많을수록 더 많이 실패하고 모두가 더 불편해져요.

어떤 면에서는 그들이 당신의 생각이나 행동에 신경 쓸 만큼 중요하게 여긴다는 게 기분 좋을 수 있지만 어떻게 보든 그건 함정이에요. 다른 사람의 조건을 만족시키며 살 수는 없어요. 그런 상황에서 어떤 성공의 기회라도 가지려면 관계를 극적으로 제한해야 해요. 결국 한 주인만 섬길 수 있다는 걸 발견하게 될 거예요.

새로운 결정을 내리세요. 하지만 당신에게 특정 행동을 기대해 온 사람은 이 결정을 좋아하지 않을 거예요. 이 시점부터 참자아와 맞추는 것을 우선으로 하겠다고 결정하세요. 다른 모든 사람과 그들의 의견은 빼세요.

처음에는 힘들겠지만 이 결정이 엄청나게 잘 작용할 거예요. 어차피 모두를 기쁘게 할 수는 없어요. 시도하면 비참해지고 결국 실패해요. 참자아와 맞추려면 먼저 자신을 기쁘게 하기로 결정해야 해요.

참자아와 맞춰질 때 다른 사람에게 줄 것이 가장 많아요. 하지만 그들이 만족을 느끼려면 스스로 맞추기로 결정해야 해요. 행복은 각자 자기 책임이라는 걸 그들에게 보여주세요. 그렇게 하면 당신은 마침내 자유로워져요.

그래서 항상 그렇듯이 지금 있는 곳에서 시작하고 다음 생각의 느낌을 조금씩 나아지게 해보세요.

남편과 아들이 사이가 안 좋아. (역류)
그들이 서로를 전혀 좋아하지 않는 것 같아. (역류)
남편은 아들에 관해서 지나치게 민감하고 거칠어. (역류)
아들은 일부러 상황을 더 나쁘게 만들어. (역류)

그것이 당신이 느껴온 방식이에요. 이제 기분이 더 나은 생각을 찾아보세요. 이 문제는 자주 나오니까 다룰 기회가 많을 거예요. 하류로 방향을 돌릴 때마다 바깥에 변화가 없어 보여도 안에서는 일치가 개선되고 있어요. 꾸준히 일치하겠다고 결심하면 당신의 영향력이 상황에 작용하고 눈에 보이는 변화도 반드시 와요. 게다가 그들이 달라지기 전에도 이미 기분이 훨씬 나아져요.

한 가지 중요한 것이 있어요. 그들의 불균형 상당 부분이 당신의 반응에서 생겨요. 둘 다 자기 행동을 정당화하는 데 당신의 반응을 이용하고 있어요. 당신이 여기서 빠지면 전체 상황이 그만큼 진정될 거예요. 불은 여전히 탈 수 있지만 더 이상 기름을 붓지 않게 되는 거예요. 그러니 안도감을 주는 생각을 계속 찾아보세요.

이 둘은 좋은 사람들이야. (하류)

그들은 이 새로운 가족 조합에서 자기 자리를 찾으려는 거야. (하류)

여기에 많은 역학이 있지만 그것들을 다 알아낼 필요는 없어. (하류)

거기서 멈춰도 돼요. 기분이 나아졌어요. 실제로 지금 일을 한 거예요. 하지만 계속하고 싶다면 지금 생긴 추진력을 활용할 수 있어요.

내가 어떻게 상황을 악화시켜왔는지 알 수 있어. 그렇게 하지 않으면 나아지기 시작할 거야. (하류)

이 생각은 앞의 몇 개보다 불편할 수 있어요. 다시 그들의 관계에 책임지려 하고 있으니까요. 어떤 생각이 기분 좋고 나쁜지는 당신만 알아요. 그러니 하류로 돌아서는 노력을 계속하세요.

이것도 지나갈 거야. (하류)

아들은 결국 독립해서 나갈 거야. (하류)

이 생각은 하류이긴 하지만 약간 불편할 수 있어요. '아들이 떠나면 해결돼'처럼 들릴 수 있으니까요. 아들을 내보내고 싶은 게 아니잖아요. 그러니 더 기분 좋은 방향으로 다시 표현해보세요.

아이들은 독립을 원해. (하류)

대부분의 아이는 독립하기 훨씬 전부터 독립을 원해. (하류)

아이가 자기를 억누르려는 사람에게 반발하는 건 자연스러워. (하류)

특히 새로 들어온 사람한테 반감을 느끼는 건 더 자연스러워. (하류)

이 생각은 아들의 행동에 관해서는 안도감을 주지만 남편의 행동에 대해서는 기분이 더 나빠질 수 있어요. 그러니 이제 그쪽에서도 안도감을 찾아보세요.

이건 남편에게도 매우 새로운 거야. (하류)

그가 아들에게 최선이라고 믿는 걸 하고 있다는 걸 알아. (하류)

그는 이 새로운 가족에서 자기 역할을 찾으려고 해. (하류)

내가 분위기를 어떻게 바꿀 수 있는지 보여. (하류)

이것에 휘둘리지 않고 균형을 유지하면 긍정적인 효과가 있을 거야. (하류)

무슨 일이 있어도 내가 기분 좋게 느끼는 것이 차이를 만들 거야. (하류)

기분 좋은 건 전염돼. (하류)

분위기를 밝게 하는 데 항상 능숙했어. (하류)

장난스러운 걸 좋아해. (하류)

삶을 너무 심각하게 받아들이기 쉬워. (하류)

여기서 잘못된 건 없어. (하류)

큰 그림에서 우리 모두 잘하고 있어. (하류)

내 욕망이 어떻게 진화하는지 지켜보는 게 재밌을 거야. (하류)

참자아와 맞춰지면서 좋은 일이 생기는 걸 경험할 거야. (하류)

누구도 통제할 생각 없어. (하류)

하지만 내 영향력이 어떻게 작용하는지 보는 건 재밌을 거야.
(하류)

하류의 생각을 꾸준히 연습하면 영향력이 엄청나게 커져요. 이
리저리 끌리며 에너지가 분산됐을 때와는 비교가 안 돼요. 그동안
의 투쟁이 명확한 욕망을 만드는 데 기여했어요. 이 하류의 생각
을 연습하면 원하는 관계로 흘러가요.

예시 21. 아버지를 보내고 나서 나를 잃어가고 있다

"아버지가 1년도 전에 돌아가셨는데 아직도 극복하지 못했어
요. 왜 이렇게 슬픈지 정말 모르겠어요. 20년 넘게 함께 살지 않았
고 최근에는 거의 뵙지도 않았어요. 지난 몇 년간 아마 일 년에 한
번, 그것도 잠깐 들를 때뿐이었고 그때조차 별로 할 말이 없었어
요. 공통점이 거의 없었는데 왜 그분의 죽음이 이렇게 충격적일까
요?"

몸 안에 있는 동안에도 당신은 무엇보다 진동적 존재예요. 지
금 어디에 초점을 맞추느냐에 따라 오늘의 진동이 달라질 수 있지

만 사실 대부분의 사람은 과거 경험에서 굳어진 진동을 안고 살아요. 새로운 방향을 선택하는 것보다 예전 생각의 흐름을 타는 게 더 쉬우니까요.

예를 들어 머칠째 뭔가에 시달리고 있었고 거기에 동의하는 누군가와 한참 이야기를 나눴다면 화제를 바꾸는 것보다 그 불편한 이야기를 이어가는 게 훨씬 쉬워요. 다른 사람이 합류하면 둘이 쌓아놓은 에너지에 끌려들어 오거나, 대화를 떠나거나 둘 중 하나예요. 이미 달리고 있는 대화에서 전혀 다른 주제를 꺼내기란 쉽지 않아요.

마찬가지로 당신은 어린 시절 주변 환경에 반응하면서 진동하는 법을 배웠어요. 부모가 집의 분위기를 만드니까 아주 어릴 때부터 생각하고 반응하는 패턴이 자리 잡아요. 그 흐름을 타는 게 바꾸는 것보다 쉬우니까 대부분의 사람은 부모 곁을 떠난 뒤에도 그 진동 습관을 그대로 갖고 가요.

아마 인식하지 못하겠지만 삶에 반응하는 방식의 많은 부분이 아주 어린 시절의 인식과 깊이 연결돼 있어요. 일찍이 세계관을 배웠고 바꾸는 것보다 그대로 가는 게 쉬웠기 때문에 그 세계관은 시간이 지나도 크게 달라지지 않았어요.

부모의 모든 생각에 동의했다는 뜻은 아니에요. 생각보다 훨씬

감정이 알려주는 것들

깊은 차원의 진동을 이야기하는 거예요. 안정감, 안전함, 행복 같은 느낌은 어린 시절 환경에서 만들어졌어요. 세상 기준으로는 좋지 않은 환경이었더라도요. 모든 건 상대적이니까요. 삶에서 느끼는 행복의 감각은 어린 시절의 진동에 깊이 뿌리박혀 있고 무의식적으로 그 진동을 지금까지 켜둔 채 살아온 거예요. 끌어당김의 법칙은 진동에 반응해요. 지금 진동 안에 과거로 이어지는 패턴이 있으니 당신은 여전히 그렇게 과거에 묶여 있는 거예요.

어린 시절에 형성된 진동의 기초는 남아 있지만 그 위에서 진동은 성숙하고 진화해 왔어요. 오늘의 당신은 과거와 다른 진동을 많이 내보내고 있어요. 조금씩 변했기 때문에 못 느꼈을 뿐이에요. 새로운 생각과 맞아가면서 미래로 나아가고 있어요. 나름의 패턴과 안정을 유지하면서요. 모든 존재가 겪는 진화의 과정이에요.

아버지가 돌아가시면서 시선이 현재에서 과거로 갔어요. 짧은 기간 동안 어린 시절을 떠올리고 기억하고 곱씹었어요. 수년간 연락도 안 하고 생각조차 안 했던 사람들과 이야기했어요. 그 며칠의 강렬함 속에서 지금의 당신과 맞지 않는 과거의 진동을 다시 깨운 거예요. 그래서 뭔가 흔들리는 느낌이 드는 거예요.

삶은 계속해서 더 많은 것을 원하게 했고 원하는 것을 계속 찾아서 원하는 것이 당신 안에 쌓여 왔어요. 확장하는 자신을 따라

잡는 데 꽤 잘해왔어요. 하지만 아버지가 돌아가시면서 갑자기 앞이 아니라 뒤를 돌아봤어요. 역류로 돌아선 거예요. 그건 기분 좋을 수가 없죠.

대부분의 사람처럼 당신도 이런 삶을 살아왔을 거예요. 태어나서 원하는 걸 알게 됐지만 그게 부모 마음에 안 들 때도 있었어요. 그들은 안내하려 했고 때로는 양보했고 때로는 안 했어요. 당신이 강하게 원하면 당신이 이겼고 그들이 강하게 원하면 그들이 이겼어요. 하지만 대부분은 당신이 이겼어요. 그들 삶이 아니라 당신 삶이니까요.

누군가를 기쁘게 하려고만 할 때는 균형에서 벗어났고 자기가 원하는 것과 맞으면 균형으로 돌아왔어요. 시간이 지나면서 부모가 뭘 생각하는지는 덜 중요해졌어요. 많이 이야기하지 않았으니까요. 당신은 당신 일로 갔고 그들도 그들 일로 갔어요.

다른 사람이 원하는 것을 끼워 넣으려 하지 않으면 진동의 균형을 잡고 유지하기가 훨씬 쉬워요. 진동을 맞추는 데 시간을 들이면 끌어당김의 법칙이 당신과 안 맞는 사람을 데려오지 않아요. 하지만 자신과 맞지 않으면 별별 사람을 끌어당길 수 있어요.

불편한 환경을 떠나면서 안도감을 느끼는 건 흔해요. 하지만 자신의 균형을 잡기 전에 비슷한 관계에 곧바로 뛰어들죠. 통제적인 아버지를 둔 딸이 그 집을 떠나지만 통제적인 남편과 결혼하는 경우가 많아요. 얼굴과 장소는 바뀌었지만 경험은 똑같아요.

이제 역류/하류로 아버지와의 관계를 살펴볼게요. 아버지와의 관계는 시간이 지나면서 변했고 그에 대한 균형도 계속 진화해 왔지만 지금 있는 자리에서 시작할 수밖에 없어요. 이 과정에서 떠오르는 생각 중 많은 것이 과거에 했던 생각이에요. 잠들어 있다가 아버지가 돌아가시면서 다시 깨어난 거예요.

느끼는 감정이 불편하면 그 생각이 역류를 향하고 있다는 뜻이에요. 역류 생각은 자연스러운 흐름을 거슬러요. 그래서 그 생각을 부드럽게 하고 안도감을 찾아서 참자아 쪽으로 흘러가게 하는 게 이 과정의 목표예요.

기분이 안 좋아. (역류)

정말 우울해. (역류)

아버지의 죽음에 준비가 안 됐어. (역류)

어쩔 수가 없었어. (역류)

더 많은 시간을 함께하지 못해서 미안해. (역류)

사실 둘 다 함께 있는 걸 즐기지는 않았어. (역류)

그가 무슨 생각을 했는지 모르겠어. (역류)

그가 뭘 원했는지도 모르겠어. (역류)

그의 삶이 좀 더 만족스러웠으면 좋겠어. (역류)

이 생각들은 지금 느끼는 것을 그대로 말한 거고 모두 역류를 향하고 있어요. 잘못된 게 아니에요. 이 상황에서 자연스러운 거예요. 다만 아직 흐름을 타고 있지는 않아요. 그러니 안도감을 주는 생각을 찾아보세요.

나는 항상 아버지와 더 나은 관계를 원했어. (역류)
더 열심히 노력했어야 했어. (역류)
뭘 다르게 했어야 했는지 모르겠어. (역류)

나쁜 관계는 아니었어. (하류)

'관계'라고 부를 만한 게 있었는지도 모르겠어. (역류)

아직 많이 나아지진 않았지만 안도감을 찾으려는 마음이 커지고 있고 약간의 흐름이 생기고 있어요. 계속하세요.

우리 관계는 그냥 그랬어. (하류)
우리는 서로의 다면적인 삶의 한 부분일 뿐이야. (하류)

나는 그를 위해 태어난 게 아니고 그도 나를 위해 태어난 게 아니야. (하류)

어쩌면 잘못된 건 없었어. (하류)

어쩌면 그냥 그랬던 거야. (하류)

기분이 나아지고 있어요. 잠시 역류로 노 젓는 걸 멈췄어요.

하지만 그래도 내가 뭔가 할 수 있었으면…… (역류)

다시 해 보세요.

그건 내 경험의 중요한 기초였지만 그게 다가 아니야. (하류)부모가 마련해 준 출발점에 감사해. (하류)

돌아가서 삶을 다시 살 수 없어. (하류)

돌아가서 그 삶을 다시 살고 싶지 않아. (하류)

더 나아졌어요. 계속하세요.

생각할 수 있는 것들이 너무 많아. (하류)

내 삶에는 좋은 점이 많아. (하류)

과거는 항상 나의 일부지만 지금이 가장 중요해. (하류)

삶이 펼쳐지는 방식에 꽤 만족해. (하류)

꽤 좋은 출발을 했어. (하류)

또 다른 감정이 떠오를 수 있지만 이제 그때 뭘 해야 하는지 알아요. 부모가 돌아가시면 죽음에 대한 감각이 깨어나고 삶이 너무 짧다는 느낌이 올라와요. 불편함을 느끼게 하는 상황은 끝없이 있을 수 있지만 그때마다 할 일은 그 생각이 역류라는 걸 알아차리는 거예요. 그리고 기분이 조금 더 나은 생각을 찾으세요.

부모가 돌아가시고 나서야 맞추는 데 시간을 들이는 경우가 많아요. 부모와 함께 살던 그때 강한 기초가 시작됐으니까 오늘 당신을 방해하는 생각 패턴의 많은 것이 그 시기에 묶여 있어요. 부모의 죽음을 그 불편한 생각을 확인하고 안도감을 느끼며 하류로 돌리는 시간으로 쓰면 삶의 큰 전환점이 될 수 있어요. 수년간 몰랐던 저항 패턴이 이 과정을 통해 쉽게 풀릴 수 있어요. 지금 기분이 나아질 뿐 아니라 참 자아와 연결되어 그 눈으로 어린 시절을 바라보게 돼요. 그러면 어린 시절이 항상 원했던 달콤한 추억이 돼요.

멋진 어린 시절을 보냈어. (하류)
많은 면에서 좋았어. (하류)
이 멋진 삶의 길을 열어준 부모에게 감사해. (하류)

감정이 알려주는 것들

길을 열어주고 나서 알아서 살게 놔줬어. (하류)

삶은 좋아. (하류)

삶에는 보면 기분 나빠지는 일이 많아요. 대부분 통제 밖이에요. 아버지의 죽음을 막을 수 없었고 그분의 성격도 바꿀 수 없었어요. 하지만 지금 접근할 수 있는 가장 기분 좋은 생각을 찾는 습관을 기르면, 느끼는 것에 신경 쓰고 자연스러운 흐름 쪽으로 돌아서면, 주변 상황에 상관없이 기쁜 삶을 살 수 있어요.

예시 22. 나는 아직 십대다

"저는 고등학생이에요. 부모님과 함께 살고 꽤 평범한 아이인 것 같아요. 성적은 괜찮고 사실 학교가 싫지만 관심 있는 것들이 많고 정말 좋은 친구도 몇 명 있어요. 부모님은 제가 하는 모든 것을 감시해서 미칠 것 같아요. 뭘 하든 허락을 받아야 하고 항상 제가 뭔가 잘못하고 있거나 잘못할 계획을 세우고 있는 것처럼 행동해요. 그래서 그들과 함께 있으면 기분이 좋은 적이 없고 집에 가는 것도 두려워요. 지금 당장 집을 떠나서 혼자 살고 하고 싶은 것을 하면 좋겠지만 그러려면 학교를 마치고 스스로 먹고 살 방법을 알아내야 한다는 걸 알아요. 부모님이 그냥 나를 내버려두면 좋겠어요. 반쯤 죄책감을 느끼는데 잘못하는 것도 없어요. 어쨌든 그들은 뭐가 문제예요? 왜 자기 삶을 살고 나는 내 삶을 살게 안 놔두는 거예요?”

부모가 왜 그러는지 알고 싶다면 부모 입장이 되어보라고 할수도 있어요. 그러면 조금 이해할 수 있을 거예요. 하지만 실제로 부모의 눈으로는 볼 수 없어요. 그러려고 해봤자 머릿속만 복잡해져요. 물론 부모에게 좋은 아이디어를 얻을 때도 있어요. 그래도 부모의 방식을 통째로 따라 하기보다 내 삶을 하나씩 내가 정리하는 게 훨씬 쉬워요.

이것이 대부분의 부모-자녀 관계에서 어긋나는 지점이에요. 부모는 살아온 경험 덕분에 더 현명하다고 믿고 그 지혜를 나눠주려 해요. 하지만 당신이 자기 삶의 창조자라는 걸 가장 먼저 잊는 사람이기도 해요. 당신이 태어날 때부터 소중했기 때문에 당신의 삶을 자기들의 작품처럼 봐요. 거기서 문제가 생겨요.

자기들의 삶을 살면서 당신의 삶을 지켜보며 당신의 행복에 대한 바람을 쌓아왔어요. 그리고 자기들이 그린 모습대로 당신을 만들려고 해요. 지금 부모를 만나고 있다면 그러지말고 자기 일치로 돌아가라고 할 거예요. 하지만 지금 부모한테 말하는 게 아니죠.

부모에게 자녀가 자기들을 기쁘게 하려고 행동을 바꾸는 게 할 일이 아니라는 걸 이해하길 원하는 것처럼 당신에게도 같은 말을 해요. 부모가 당신을 기쁘게 하려고 행동을 바꾸라고 요청해서는 안 돼요.

그들의 행동이 당신을 불편하게 만드는 것처럼 느껴지는 거 알아요. 하지만 그들의 행동에 대해 어떻게 느낄지 선택할 수 있다는 걸 깨달으면 지금 서 있는 곳에서 자유를 발견하게 돼요. 반대로 내가 기분 나아지려면 그들이 먼저 변해야 한다고 믿으면 정말로 갇힌 느낌이 들어요. 그들이 변할 가능성은 낮으니까요. 그래서 그 모든 것에서 도망치고 싶은 마음은 충분히 이해해요.

하류 생각을 찾기 시작하면 확장된 당신과 맞게 돼요. 그러면 명확하고 자신감 있고 열정적이고 행복해져요. 사실 이것들이 부모가 당신에게 원하는 것이에요. 그런 모습을 더 자주 보여주면 부모도 기분이 나아지면서 한 발 물러날 거예요.

이제 당신은 이렇게 말할 수 있어요. "하지만 모든 일을 내가 하고 있잖아요. 생각을 조정하고 기분이 나아지고 부모에게 더 기쁨을 주는 방식으로 행동하고요. 그들이 하는 건 내 변화된 모습을 즐기는 것뿐이잖아요. 부모가 내 기분을 나아지게 하려고 뭔가 하는 건요?"

다시 말하지만 그들을 만나고 있다면 자신의 일치를 향해 안내할 거예요. 당신의 행동에 대한 통제권이 없다는 것도 상기시킬 거예요. 하지만 당신이 이해하길 바라는 게 있어요. 다른 누군가가 뭔가 다르게 해야 내 기분이 나아진다고 믿으면 정말 불리해요. 그들이 하는 건 통제할 수 없으니까요. 느끼는 방식이 오직 자기 생각의 일치와만 관련 있다는 걸 이해하고 다른 누구의 행동과 상관없이 스스로 맞추려고 할 때 진짜 힘이 생겨요. 진짜 자유로워져요.

그래서 다른 사람의 관점을 너무 열심히 이해하려는 걸 권하지 않아요. 그게 때때로 마음을 가라앉힐 수 있어도요. 부모 입장을 이해시켜서 당신을 진정시키려는 시도는 그들이 당신을 기쁘게 하려고 행동을 바꾸는 것과 다르지 않거든요. 대부분의 사람은 다른 사람이 바뀌면 기분이 나아질 거라고 생각해요. 하지만 그건 거짓 욕망이에요.

기분이 나아지려면 다른 사람의 행동이 바뀌어야 한다고 믿으면 정말 힘들게 사는 거예요. 잘 돼봤자 제한적이고 심하면 무력해져요. 생각을 하류로 돌릴 수 있기 때문에 느끼는 방식을 통제할 수 있다는 걸 이해하면 계속 맞게 돼요. 계속 기분이 좋아요. 자기 힘으로 돌아오고 영향력이 커지고 전반적으로 잘 돼요. 덧붙이자면 생각 방향을 바꾸는 건 비교적 쉬운 반면 다른 사람의 행동을 바꾸게 하는 건 거의 불가능해요.

몇 가지 상황과 그에 대한 반응을 보여주고 생각을 하류로 돌리는 방법을 보여줄게요.

친구 중 한 명과 어딘가에 갈 계획이라고 부모에게 알렸어요. 결국 막지 않을 거라는 걸 알지만 친구 선택에도 뭘 할 건지에도 평소처럼 비꼬는 말을 들어요. 그러면 이렇게 생각해요.

나에게 뭐가 가치 있는지 어떻게 알아? (역류)

나에게 뭐가 재미있는지 어떻게 알아? (역류)

부모들은 뭐가 재미있는지 모르는 것 같아. (역류)

재미있어 본 적이나 있는지 모르겠어. (역류)

부모가 보인 태도를 생각하면 이해할 만하지만 모두 역류 생각이에요.

당신들은 내 삶을 이해 못해. (역류)

내 친구들한테 기회도 안 줘. (역류)

이해하려는 노력을 하는 게 안 보여. (역류)

이해할 만하지만 여전히 역류예요. 기분 나아지려고 부모가 변하길 바라지 마세요. 스스로 기분 나아지게 해보세요.

부모가 내 친구를 좋아할 필요 없어. (하류)

내 경험을 통해 그가 좋은 친구라는 걸 알아. (하류)

적어도 실제로 내가 뭘 하는지까지 막지는 않아. (하류)

일단 친구를 만나면 즐거운 시간을 보낼 거야. (하류)

부모님이 나를 걱정해서 그런다는 건 알아. (하류)

기분이 조금 나아지고 있어요.

나한테 뭐가 좋은지를 부모님이 어떻게 알아. (역류)

다시 역류예요.

그래도 노력하는 걸 탓할 수는 없지. (하류)

어차피 나는 갈 거야. (하류)

막지는 않을 거야. (하류)

이것보다 훨씬 심할 수도 있었어. (하류)

생각해보면 그렇게 나쁘지도 않아. (하류)

이 과정에서 실제로 달라진 건 없어요. 부모는 여전히 잔소리하고 당신은 여전히 나가요. 하지만 생각을 하류로 돌리려고 했기 때문에 평소보다 진동이 더 나은 곳에 있어요.

그래서 친구를 만나러 나갈 때 평소처럼 반항심이 치밀어 오르지 않아요. 더 가볍고 자유로워요. 친구와의 시간도 더 좋은 출발을 해요. 이번에는 부모 얘기를 꺼내지 않아요. 집 생각, 부모 생각을 뒤돌아보지 않아요. 그냥 가벼운 발걸음으로 지금 이 순간에 들어가고 평소보다 더 좋은 시간을 보내요.

밤이 끝나고 집으로 돌아갈 때 예전만큼 돌아가는 게 두렵지 않아요. 진동이 많이 바뀌었기 때문에 그 에너지가 부모에게까지 닿았을 수 있어요. 거실에서 당신을 기다리며 앉아 있는 대신 둘 다 이미 자고 있을 수도 있어요.

지금 당장 눈에 보이는 변화가 있든, 없든, 당신 기분이 나아졌어요. 그게 변화예요. 그걸로 충분해요.

예시 23. 믿었던 친구가 뒤에서 나를 깎아내린다

"저는 학생이에요. 어릴 때부터 가장 친했던 친구가 있는데 어떤 이유에서인지 일부러 제 인생을 망치려는 것 같아요. 저한테는 여전히 친한 척하면서 다른 애들한테 제 얘기를 하고 다녀요. 제가 하지도 않은 말을 했다고 퍼뜨려서 다른 애들이랑 사이가 틀어지게 만들어요. 가장 힘든 건 누구한테 뭐라고 했는지 모르니까 변명조차 할 수 없다는 거예요. 이제는 누구를 만나든 '혹시 이 사람도 그 얘기를 들었을까?' 하는 생각에 불안해요. 왜 이러는 걸까요? 어떻게 하면 그만두게 할 수 있어요?"

지금 이 말을 듣고 싶지 않겠지만 당신은 잘못된 질문을 하고 있어요. 왜 그 친구가 이러는지 알아내려고 시간을 쓸수록 그 진동에 자신을 더 오래 묶어두는 거예요. 그러면 비슷한 일을 더 많이 끌어당기기 시작해요. 이런 식으로 행동하는 친구가 한 명 더 생길 수도 있어요.

다른 사람을 그만두게 하려는 건 진짜 소용없는 일이에요. 설령 그 사람을 바꿀 힘이나 영향력이 있다 해도 그렇게 하려는 순간 당신이 내보내는 진동은 정작 원하는 것과 완전히 반대 방향이에요. 균형에서 더 멀어질 뿐이에요.

다른 사람한테 행동을 바꾸라고 하는 대신 그 행동에 대한 내 반응을 바꾸는 데 힘을 쓰세요. 그 사람이 뭘 하는지는 통제할 수 없지만 거기에 어떻게 반응할지는 온전히 내 것이에요.

뭔가에 주의를 기울이면 그것과 맞는 진동이 내 안에서 깨어나요. 그래서 진짜 나와 맞는 것에 집중하면 기분이 좋아요. 두 진동이 일치하니까요. 반대로 주의를 기울이는데 기분이 나빠지면 일치에서 벗어났다는 뜻이에요.

내 안의 일치가 신경 써야 할 전부라는 걸 이해하고 그 일치를 유지하려고 하면 기분이 좋은 시간이 늘어나요. 그뿐 아니라 삶에서 원하는 것들이 더 많이 풀려요.

많은 사람이 이 지점에서 불만을 가져요. "거짓말하는 사람은요? 그냥 놔두라고요? 그 사람이 잘못하고 있는데 왜 제가 생각을 바꿔야 해요?"

당연한 질문이에요. 답은 아주 간단해요.

행복이 다른 사람의 변화에 달려 있으면 영원히 행복할 수 없어요. 한 사람이 바뀌어도 또 다른 사람이, 또 다른 일이 바뀌어야 할 테니까요. 끝이 없어요.

주변을 둘러보면 내가 통제할 수 없는 것들이 끝없이 보여요. 하지만 내 생각을 내 안의 조화 쪽으로 돌리는 법을 배우면 일치에 도달해요. 그 일치 안에서 기분이 나아질 뿐 아니라 하나의 강력한 진동 신호를 내보내게 돼요. 끌어당김의 법칙은 그 신호에 반응해요.

다른 사람들의 의도가 뭐든, 심지어 그 의도가 당신을 향한 것이라 해도 당신이 만들어낸 강력한 일치의 흐름을 이길 수는 없어요. 진짜 나인 근원 에너지에 연결되어 있을 때, 그것이 나의 존재 상태일 때 좋은 것만 경험할 수 있어요. 나쁜 의도를 가진 사람은 자연스럽게 내 경험에서 빠져나가요. 누군가가 일부러 당신에 대해 거짓말을 한다면 그건 그 사람 안에 스스로에 대한 사랑이 부족하다는 신호예요. 근원 에너지와 일치하는 사람은 그런 일을 하지 않으니까요.

많은 사람이 이렇게 말할 거예요. "오랜 친구니까 그 애 기분이 나아지도록 도와줘." 당신도 그러고 싶을 수 있어요. 친구가 좀 나아지길 바라니까요.

하지만 중요한 게 있어요. '이 친구는 균형이 무너져 있어'라는 인식에서 출발해서 달래려고 하면 오히려 그 친구의 무너진 면을 더 키우게 돼요. 상황은 더 나빠져요.

친구를 진짜 돕고 싶다면 그 친구의 좋은 면을 봐야 해요. 그런데 좋은 면을 보려면 먼저 내 안에서 조금이라도 나은 느낌을 찾아야 해요. 그래서 하류 쪽으로 안도감을 주는 생각을 찾는 과정이 곧 나를 돕는 과정이에요. 기분이 나아지는 것에만 집중한다면

감정이 알려주는 것들

할 수 있는 건 다 한 거예요. 그걸로 충분해요. 그러니 지금 있는 곳에서 시작하세요.

친구라는 애가 일부러 거짓말을 퍼뜨려서 나한테 문제를 만들어. (역류)

왜 그러는지도 모르겠고 어떻게 멈추게 할지도 모르겠어. (역류)

걔는 더 이상 진짜 내 친구가 아니야. (역류)

진짜 친구라면 그런 짓은 안 해. (역류)

맞는 말이고 사실이에요. 하지만 도움이 안 돼요. 안도감을 주는 생각을 찾으세요.

사람들이 부정적인 소문을 꼭 믿는 건 아니야. (하류)

걔가 누구한테 뭐라고 했는지 사실 정확히 모르잖아. (하류)

사실일 수 있지만 어차피 통제할 방법이 없어요. 그걸 계속 떠올리면 역류에 자신을 붙잡아두는 것뿐이에요. 기억하세요. 목표는 안도감을 찾는 거지 지금 상황을 되풀이하는 게 아니에요.

걔가 모든 사람한테 말하고 다니는 건 아닐 거야. (하류)걔가 늘 부정적이면 기분 좋게 지내고 싶은 애들은 알아서 걔를 피할 거야. (하류)

부정적인 얘기를 듣더라도 누가 한 말인지 따져볼 수 있는 애들도 많아. (하류)

사람들이 내 생각만큼 내 험담에 관심 있지는 않을 거야. (하류)

내가 모든 사람 세상의 중심은 아니잖아. (하류)

기분이 조금 나아지고 있어요. 이 흐름을 살려보세요. 이건 오히려 좋은 기회가 될 수 있어요. 내 주변 친구들의 가장 좋은 면에 마음을 맞춰보는 거예요. 만약 누군가가 그 친구한테 내 험담을 듣고 나한테 따진다고 해도 내가 진짜 나와 일치해 있으면 그 사람은 바로 알아요. 이 소문이 나답지 않다는 걸요.

하지만 내가 화나고 방어적인 상태라면 상대 입장에서는 구별이 안 돼요. 소문을 시작한 사람인지 소문을 듣고 화가 난 사람인지. 어느 쪽이든 진동은 같거든요.

내가 아는 사람들의 좋은 면에 마음을 맞추고 있으면 시간이 지나면서 아무도 내 험담을 믿으려 하지 않아요. 누군가 그런 얘기를 들어도 이렇게 말할 거예요. "걔 그런 애 아닌데. 그런 말 했을 리 없어." 그리고 그 말이 맞아요.

그 친구가 기분이 나아졌으면 좋겠어. (하류)

정말 좋은 친구들이 있다는 건 고마운 일이야. (하류)

누구한테나 좋은 날도 있고 나쁜 날도 있어. (하류)

좋은 날이 더 많을 수 있다는 걸 아는 게 좋아. (하류)

끌어당김의 법칙이 결국 다 정리해준다는 걸 아는 게 좋아. (하류)

끌어당김의 법칙을 거스르는 일은 절대 일어나지 않는다는 걸 아는 게 좋아. (하류)

내가 어떻게 느낄지는 내가 정할 수 있다는 걸 아는 게 좋아. (하류)

다른 사람이 어떻게 생각하고 느끼는지는 내가 통제할 수 없다는 것도 괜찮아. (하류)

그 친구가 기분이 나아졌으면 좋겠어. (하류)

걱정하지 않아. (하류)

다 괜찮아. (하류)

예시 24. 사랑이라는 이름으로 나를 가둔다

"이 사람을 찾아서 너무 행복했어요. 우리는 많은 면에서 잘 맞고 서로의 경험을 진짜로 풍요롭게 해준다는 걸 알아요. 모든 걸 함께 하고 함께 일하고 사는 데 정말 잘 맞아요. 같은 음식을 좋아하고 같은 사람들을 즐기고 관심사도 아주 비슷해요. 사실 호환성 테스트를 해보면 서로에게 완벽한 짝으로 나올 거라고 확신해요. 하지만 최근에 자유롭지 않다는 느낌이 들기 시작했어요. 배우자가 내가 하는 모든 것에 너무 관여해서 그녀 없이 뭔가를 하는 걸 생각하기조차 어려워요. 얼마 전에 깨달았어요. 내가 내리는 모든 결정에 그녀의 관점을 고려해야 하는 게 지쳤다는 걸요. 그냥 자유롭지 않아요. 열심히 짝을 찾고 있는 친구가 있는데 문득 이런 생각이 들었어요. '짝이 없는 게 네가 아는 것보다 나을 수도 있어.' 그 생각에 스스로 놀랐어요. 항상 함께 삶을 나눌 사람이 있는 게 훨씬 낫다고 생각했거든요. 하지만 어쩌면 모든 순간, 모든 생각, 모든 아이디어를 공유하도록 되어 있지는 않은 것 같아요. 숨막혀요."

다른 사람과 아무리 깊이 얽혀 있어도 관계는 집이나 삶에서 움직이는 상대방보다 내 마음에서 움직이는 생각에 훨씬 더 크게 영향을 받아요. 그래서 사람들이 서로를 통제하려고 그렇게 애쓰면서 정작 자기 생각과 인식을 다스리는 데는 거의 노력하지 않는 게 흥미로워요. 다른 사람에 대한 진짜 통제권은 없고 자기 생각에 대해서는 완전한 통제권이 있는데 말이에요.

사람들은 배우자가 이렇게 저렇게 변하기만 하면 훨씬 기분이 나아질 거라고 믿어요. 하지만 그건 정반대 방향이에요. "당신이 이걸 바꾸면 내 기분이 나아질 거야"라고 말할 때 실제로 하는 말은 이거예요. "나의 행복은 당신이 바꿀 의지와 능력에 달려 있어.

그러니까 나는 무력해." 그렇게 많은 사람이 함께 사는 상대에게 가혹한 이유가 여기 있어요. 누구나 행복하고 싶지만 행복이 자기가 통제할 수 없는 것에 달려 있다고 믿고 있으니까요.

대부분의 새로운 관계는 시작이 꽤 좋아요. 둘 다 상대에게서 주로 좋은 면을 찾고 있으니까요. 그리고 시작에는 둘 다 상대를 기쁘게 하려고 평소보다 더 애를 써요. 하지만 내 안이 편안한 상태가 아니라 상대를 기쁘게 하려는 데서 출발해서 행동하면 엄청난 문제를 준비하는 거예요. 다른 사람의 욕망을 내 관심의 중심에 계속 두는 건 불가능하니까요. 창조자로서 당신은 그렇게 만들어져 있지 않아요.

상대를 기쁘게 하려고 애쓰면 다른 누군가가 자기 행복의 책임자라는 왜곡된 생각을 키우게 돼요. 이건 장기적으로 그 사람의 힘을 빼앗고 불행하게 만들어요. 상대를 행복하게 만들려고 더 애쓸수록 상대는 더 불행해져요. 온전히 통제할 수 있는 자기 안의 균형 대신 통제할 수 없는 바깥의 행동에 의존하게 되니까요.

그래서 배우자를 관심의 중심에 두면서 그녀를 얼마나 사랑하는지, 그녀의 행복이 얼마나 중요한지를 되뇌면서 행동으로 그녀의 행복을 통제하려고 하면 숨막히는 게 당연해요. 이 불가능한 일을 하려면 엄청난 시간과 관심이 필요하니까요.

게다가 대부분의 경우 상대의 경험을 좋게 만들려고 상황을 통제할수록 상대는 당신의 행동에 더 의존하게 돼요. 시간이 지나면 더 많은 걸 요구하게 돼요. 당신은 본질적으로 독립적인 존재라서 의존하게 될수록 더 불행해져요. 흥미롭지 않아요? 상대를 행복하게 만들려는 의도였는데 오히려 더 적은 행복을 만들어냈다는 거요.

다른 사람에게 행복한 영향을 미칠 유일한 방법은 내가 진짜 행복한 거예요. 그리고 진짜 행복해지는 유일한 방법은 나와 참자아 사이의 진동이 일치하는 상태에 도달하는 거예요. 그러니 배우자의 행복에 대한 욕망에 이 원리를 구체적으로 적용해볼게요.

시나리오 1: 배우자가 행복하길 원해요. 그녀를 보니 행복해요. 원하는 것과 보고 있는 것이 같아요. 일치해요. 그래서 행복해요.

시나리오 2: 배우자가 행복하길 원해요. 그녀가 뭔가에 대해 행복하지 않다는 걸 봐요. 원하는 것과 보고 있는 것이 달라요. 일치하지 않아요. 그래서 행복하지 않아요.

시나리오 3: 배우자가 행복하길 원해요. 그녀가 뭔가에 대해 행복하지 않다는 걸 봐요. 그녀 기분이 나아지도록 생각나는 모든 걸 해요. 그녀는 자기 안의 불균형에서 잠시 주의가 분산되어 일시적으로 기분이 나아져요. 그녀가 나아진 게 좋고 이제 그 공을 자기가 가져요. 그녀는 이제 자기 기분을 당신의 행동에 의존하게 돼요. 점점 독립심을 잃고 그게 그녀를 더 불행하게 만들어요. 그래서 더 열심히 노력하지만 "내 행동이 상대를 행복하게 해야 한다"는 잘못된 전제에서 출발하기 때문에 그녀는 더욱 불행해져요.

시나리오 4: 배우자가 행복하길 원해요. 그녀가 뭔가에 대해 행복하지 않다는 걸 봐요. 마음의 힘을 써서 그녀가 지금 어떻게 느끼는지는 무시하고 나를 계속 행복하게 해주는 것에 집중해요. 그녀는 당신이 자기한테 더 관심을 쏟고 더 노력해야 한다고 생각해요. 내 행복이 가장 중요한 욕망이니까 이기적으로 그녀의 불행한 상태를 무시하고 내 행복한 상태를 유지해요. 행복한 상태를 유지하는 데 성공하면서(많이 연습했으니까) 더 넓은 관점과 일치한 상태를 유지해요. 더 큰 자원과 연결되어 있으니까 타이밍이 좋고 명확하고 활력이 넘쳐요. 기분이 끝내줘요. 내 안이 충만하니까 좋은 느낌의 강한 진동 신호를 내보내고 있어요. 배우자도 기분 좋게 느끼고 싶어 하고 당신이 내보내는 진동이 바로 그것이니까 그녀도 진동적으로 영향을 받아 자기 안의 균형을 찾기 시작해요. 내 안의 좋은 느낌에 연결된 상태를 유지하려는 이기적인 욕망 덕분에 배우자까지 그녀가 원하는 곳으로 끌어올릴 수 있었던 거예요.

하지만 이게 가장 중요한 부분이에요. 아무리 큰 일치를 이뤘든, 아무리 강한 좋은 느낌의 진동 신호이든, 그 신호에 맞추는 건 배우자의 몫이에요. 다른 사람을 대신해서 해줄 수는 없어요.

결국 이런 거예요. 다른 사람들이 스스로 자기 안의 균형을 찾도록 격려할 만큼 충분히 사랑하는 것. 그것만이 그들을 행복하게 만들 수 있어요.

물론 주변 사람들에게 할 수 있는 한 사랑스럽고 친절하게 대하세요. 하지만 행동으로 그들 안의 빈자리를 채워주려는 게 아니에요. 진짜 나로 살고 있기 때문에 자연스럽게 사랑스럽고 친절한 거예요.

그리고 가장 중요한 걸 기억하세요. 기분 좋게 느끼고 싶다고 마음먹고 그렇게 될 때까지 생각을 돌리는 건 아주 간단해요. 반면에 다른 사람의 행동이나 감정 상태나 균형에 영향을 미치려는 건 극도로 복잡해요. 자기 안의 진동적 균형을 돌보세요. 나머지는 끌어당김의 법칙이 해줘요. 있는 자리에서 시작하고 하류 쪽으로 안도감을 찾아보세요.

숨막혀. (역류)

감정이 알려주는 것들

내가 하는 모든 일에 아내가 원하는 걸 고려해야 하는 게 지쳤어. (역류)

그녀가 나 말고 다른 뭔가에 관심을 가졌으면 좋겠어. (역류)

지금 있는 자리가 여기예요. 이제 상대가 어떤 식으로든 변해서 안도감을 얻으려 하지 말고 내 생각을 통해 안도감을 찾아보세요.

아내가 뭘 원하든, 뭘 생각하든, 나는 내 생각을 할 수 있어. (하류)

모든 생각에 대해 그녀의 반응을 고려할 필요는 없어. (하류)

내가 느끼는 것의 큰 부분은 내 머릿속에서 일어나는 일 때문이야. (하류)

나는 내 생각을 자유롭게 할 수 있어. (하류)

이 생각의 흐름은 확실히 하류예요. 기분이 나아지고 있어요.

배우자가 정말로 나를 통제하려는 건 아니야. (하류)

함께 사는 방식이 그냥 그렇게 흘러온 거야. (하류)

어떤 것에 대해서도 그녀와 의견이 다른 게 아니야. (하류)

많은 면에서 우리는 정말 잘 맞아. (하류)

그녀가 내 생각을 지배하거나 통제하려고 한 적은 없어. (하류)

숨막히는 느낌은 그녀보다 내 뒤죽박죽한 머릿속 때문이야. (하류)

노력하면 생각을 정리할 수 있어. (하류)

내 생각은 내가 정해. (하류)

집중할 수 있는 주제는 끝없이 많아. (하류)

내가 정하는 어떤 관심사든 자유롭게 추구할 수 있어. (하류)

일단 하류를 향하면 기분이 나아지는 생각을 계속 찾는 게 훨씬 쉬워져요.

한 번에 다 정리할 필요는 없어. (하류)

우리 관계는 대부분 아주 좋아. (하류)

실제로 구속당하고 있는 건 아니야. (하류)

그 숨막히는 느낌이 이제 완전히 사라졌어. (하류)

다시 돌아오면 왜인지 알고 어떻게 하면 되는지도 알아. (하류)

예시 25. 사춘기 자녀들 앞에서 나는 투명인간이다

"저는 한부모이고 저를 아주 나쁘게 대하는 세 명의 10대 딸을 키우고 있어요. 언제부터 일이 잘못되기 시작했는지 잘 모르겠지만 아이들 중 누구도 저를 전혀 존중하지 않는 것 같아요. 어렸을 때는 정말 착한 아이들이었어요. 가끔 모든 아이들처럼 서로 싸웠지만 제가 그만하라고 하면 듣고 보통 제가 말한 대로 했어요. 하지만 그 시절은 지나갔어요. 이제는 제가 부탁하는 걸 안 할 뿐 아니라 대놓고 저를 놀리고 눈을 굴리며 서로 보고 웃어요. 마치 저한테 대항해서 힘을 합친 것 같아요. 어떻게 이렇게 됐는지, 언제 이렇게 됐는지 모르겠지만 아주 불편해요. 언제 통제력을 잃은 걸까요?”

오늘날 가족의 모습은 정말 다양하지만 많은 부모가 가진 기본적인 믿음 하나가 우주의 힘에 반해요. 우리가 보기에 그것이 많은 혼란과 가족 불화의 원인이에요. 당신의 마지막 말이 바로 그걸 짚었어요. “언제 통제력을 잃은 걸까요?”

물론 다른 사람의 행동을 어느 정도 통제하는 건 가능해요. 특히 이 세상에 막 와서 많은 것에 대해 작고 의존적인 아이라면요. 하지만 다른 사람을 통제하거나 자신이 통제당하는 것은 이 세상에 나오기로 결정했을 때 당신들 중 누구도 의도한 게 아니에요.

더 넓은 관점에서 당신은 모든 것이 진동적으로 끌어당겨진다는 걸 알고 있었어요. 원하는 것을 창조하는 데 필요한 건 오직 욕망의 대상에 주의를 기울이고 그 연결을 현실이 될 때까지 유지하는 것뿐이라는 걸 알았어요. 통제도 조작도 정당화도 힘든 노력도 필요 없어요. 오직 순수하고 저항 없이 원하는 것에 주의를 기울이는 것만 있으면 돼요.

아무도 당신을 통제하려 하지 않고 당신도 아무도 통제하려 하지 않을 때 삶이 얼마나 자유롭고 멋진지요!

당신은 이 환경에서 생존하기 위한 본능뿐 아니라 기쁘게 살기 위한 본능을 가지고 태어나요. 강력한 창조자로서 나왔어요. 예외 없이 가능성을 탐구하고 원하는 것에 대한 자기만의 결론에 도달해서 마음을 모아 집중하는 힘을 통해 자기 현실을 창조하는 것이 당신의 의도였어요.

그래서 다른 사람들이 당신의 경험에 들어와서 자기들이 당신이 뭘 창조하고, 뭘 원하고, 뭘 생각하고, 뭘 해야 하는지를 정하는 사람이라고 선언할 때 안에서 강한 불협화음을 느껴요. 일종의 반항이에요. 이건 생각이 역류로 향하고 있다는 신호예요.

우주의 법칙과 아이들의 독립적이고 창조적인 본성을 이해하면 그들의 창조적인 발을 밟지 않으면서도 잘 받아들여질 사랑스러운 안내를 줄 수 있어요. 아이들도 당신처럼 자기 삶의 경험을 창조하기 위해 나왔다는 걸 깨달으면 누군가가 그걸 빼앗으려 할 때 왜 반항하는지 이해할 거예요. 어떤 사람들에게는 그 느낌이 베개가 얼굴에 눌려 숨을 못 쉬는 것만큼 강렬해요.

극단적인 상황의 일부 부모들은 아이가 더 반항할수록 더 강하게 통제해야 한다고 믿어요. 일부 부모들은 다른 육아 전문가들에게서 최후통첩을 세우고 아이들이 마침내 굴복할 때까지 고수하라고 격려받아요. 일종의 아이들의 정신을 '길들이는' 거예요. 야생마를 길들이듯 부모가 시키는 대로 순순히 따르게 만드는 거죠. 이렇게 길들이는 게 더 조용하고 정돈된 가정을 만들 수 있다는 건 인정해요. 하지만 우리는 누구의 정신이든 꺾는 것을 격려하지 않아요.

양육은 아주 큰 주제이고 사람들은 올바른 접근법을 찾기 위해 아주 오랫동안 고군분투해왔어요. 어떤 관계도 부모와 자녀 사이의 관계보다 삶 경험의 분위기를 더 강하게 설정하지 않아요. 그 초기 시작에서 평생 가지고 가는 첫 번째 진동적 분위기가 만들어지니까요.

이 투쟁은 당신의 문화나 환경에서 새로운 게 아니에요. 그리고 행동이 아니라 생각을 통해 진동적으로 접근할 때까지 풀리지 않을 거예요. 당신이 아이의 부모이든, 부모의 자녀이든, 둘 다이든 마찬가지예요.

부모/자녀 관계에서 가장 자주 잘못되는 건 이거예요. 어떤 이유로든 지금 이 순간 내면이 흔들리고 있는 부모가 말과 행동으로 아이를 지시하려고 해요. 더 넓은 관점의 자원과 연결되어 있지 않은 상태에서 아이와 부딪히는 거예요. 거기서 좋은 건 절대 나오지 않아요.

부모와 아이 모두의 다양한 나쁜 행동을 설명하는 시나리오는 끝없이 쓸 수 있어요. 실제로 수없이 쓰여왔고요. 하지만 다음의 가장 중요한 전제를 이해한다면 원하지 않는 행동의 모든 경우가 쉽게 풀릴 수 있어요.

부모에게:

당신은 아이들에게 이 삶의 경험으로 가는 길을 열어줬어요. 그러나 당신은 아이들 경험의 창조자가 아니에요.

당신의 아이들은 안내와 지혜를 위해 당신보다 더 강력한 자원을 갖고 있어요.

아이들이 여기 있는 이상 아이들이 창조하는 것에 대해 당신이 책임질 일이 아니에요.

당신의 아이들은 원하는 것을 위한 자원을 자기 안에 갖고 있어요. 당신의 아이들은 위대한 목적을 갖고 여기 온 순수하고 긍정적인 에너지 존재예요. 당신의 아이들은 당신이 낳기 훨씬 전부터 움직임 속에 있었어요. 당신의 아이들은 강력하고 정확한 안내

감정이 알려주는 것들

시스템을 자기 안에 갖고 있어요.

아이들에 대한 당신의 가장 큰 가치는 아이들이 자기 근원 에너지와의 연결을 유지하도록 돕는 거예요. 당신 자신이 연결되어 있지 않으면 아이가 근원 에너지와 연결하는 걸 도울 수 없어요. 아이들을 통제하는 건 당신이 할 일이 아니에요.

아이들과 겪는 모든 투쟁, 나쁜 감정, 의견 충돌, 말다툼, 위기는 당신이 근원 에너지와 연결되어 있지 않을 때 일어나요. 자기 자신의 근원 에너지와의 연결은 아이와의 관계보다 더 중요해요. 그게 바로 당신이 찾고 있는 통제예요.

아이들에게 화가 났을 때 당신은 진짜 나에서 벗어나 있는 거예요. 하지만 그 불편함은 당신 스스로 만든 거예요.

자녀들에게:

당신의 부모는 이 세상으로 오는 멋진 길을 열어줬어요. 부모가 당신에게 최선인 것을 원하는 건 확실하지만 그게 뭔지는 알 방법이 없어요. 당신은 다른 누군가의 명령을 수행하러 나온 게 아니에요. 당신은 자기 경험의 창조자예요.

당신은 근원 에너지의 확장이고 위대한 목적을 갖고 여기 왔어요. 느끼는 방식으로 자기 길에 있는지 알 수 있어요. 하지만 부모가 여기 더 오래 있었으니 자기들이 배운 것을 나눠주려고 할 거예요. 그들이 배운 것 중 많은 부분이 당신에게 가치 있을 거예요. 부모가 여기 더 오래 있었기 때문에 오히려 당신보다 그 더 넓은 관점을 감지할 가능성이 낮아요.

근원 에너지와 연결된 상태를 유지하면 지금 고려하거나 하고 있는 어떤 것이 적절한지 항상 알 수 있어요.

부모가 어느 정도 통제하려 할 가능성이 높지만 그 통제에 맞서 싸울 필요는 없어요. 당신의 통제는 오직 당신 자신의 것이니까요. 더 넓은 의도와 맞는 생각을 선택하는 것으로 삶과 자기 현실을 통제하는 거예요. 부모에게 화가 났을 때 당신은 진짜 나에서 벗어나 있는 거예요. 그 불편함은 당신 스스로 만든 거예요.

사람들은 종종 서로의 행동에 대한 평가와 그 행동이 옳은지 그른지의 세부 사항에 빠져요. 하지만 그런 방식으로는 진짜 해결책을 찾을 수 없어요. 최선의 양육법을 찾기 위해 위원회가 만들어지고 연구가 진행되고 의견은 해변의 모래알만큼 많아요. 방법은 더 적은 통제에서 더 많은 통제로, 다시 더 적은 통제로, 다시 더 많은 통제로 바뀌지만 멋진 관계와 생산적인 양육의 열쇠는 줄곧 당신 안에 있었어요.

감정이 알려주는 것들

아이들에 대한 생각을 하고 그 생각이 어떻게 느껴지는지 주의를 기울이면 양육에 대한 그리고 다른 모든 것에 대한 완벽한 안내를 갖게 돼요. 있는 자리에서 시작하세요.

아이를 통제해야 해. (역류)

아이를 통제할 수 없어. (역류)

아이가 통제 불가능해. (역류)

통제 불가능한 아이는 문제 많은 삶을 살 수밖에 없어. (역류)

아이를 통제할 방법을 찾아야 해. (역류)

이 말들 전부 기분이 나빠요. 역류예요. 참자아가 부모로서의 당신의 역할에 대해 아주 다르게 생각하고 있다는 뜻이에요.

아이를 통제하지 않으면 학교에서 나쁜 부모로 보일 거야. (역류)

이것도 기분이 나빠요. 아이를 통제할 수 없는데 학교가 당신에게 통제를 행사하려 하고 있으니까요. 그 어느 쪽도 아이에 관한 더 넓은 의도와 맞지 않아요.

아이들이 나를 존중하지 않아. (역류)

나를 존중하지 않으면 다른 어른들도 존중하지 않을 거고 그게 아이들의 전체 삶에 나쁜 영향을 미칠 거야. (역류)

아이들이 나를 존중하지 않아서 고통스럽다고 생각하지만 모든 감정적 고통은 사실 진짜 나에서 벗어나 있기 때문에 생기는 거예요. 지금 이 순간의 생각이 참자아가 그 주제에 대해 가진 생각과 맞지 않는 거예요. 기분이 좋아야 한다는 걸 깊은 곳에서 알고 있기 때문에 지금 서 있는 부정적인 위치를 정당화하려는 건 아주 흔해요. 그래서 아이들의 무례를 그냥 두면 아이들 삶이 망가질 거라고 설명하고 있지만 진짜 나는 그 논리에도 동의하지 않아요.

이제 어떤 생각이 왜 더 좋거나 나쁘게 느껴지는지 하나하나 설명하지 않을게요. 그러면 느려지고 다른 불편한 방향으로 갈 수 있으니까요. 그냥 기분이 나아지는 생각을 골라보세요.

물살을 거슬러 배를 움직이려고 할 때 노를 꽉 잡는 것과 그냥 노를 놓고 흐름을 따라가는 것의 차이를 떠올려볼 좋은 때예요. 딸들에 대한 통제를 놓아보세요. 안도감이 오는지 느껴보세요.

생각할 수 있는 건 다 해봤어. (역류)

손에 닿는 책은 다 읽었어. (역류)

아침에 눈 뜨면 제일 먼저 떠오르고 잠들기 전 마지막으로 떠올라. (역류)

뭘 해야 할지 모르겠어. (역류)

포기할래. (하류)

오직 느끼는 방식에만 집중하세요. 포기하는 것의 안도감을 경험하세요. 노를 놓는 것의 안도감을요. 안도감에 가치가 있다는 걸 기억하세요. 저항이 줄었다는 뜻이니까요.

딸들과의 불편한 상호작용 하나하나가 그들과의 관계에 관해 그리고 그들의 삶의 성공에 관해 더 구체적인 욕망을 당신 안에 쌓아왔어요. 방금 놓아줌으로써 그 욕망을 향해 움직이기 시작한 거예요. 이제 다른 기분 나은 생각에 접근할 수 있어요.

지금 당장 다 알아낼 필요는 없어. (하류)

어쩌면 아이들의 삶을 정리하는 게 내 일이 아닌지도 몰라. (하류)

10대의 복잡한 문제를 다 정리할 시간이 하루에 충분하지 않아. (하류)

그걸 하려고 너무 많은 시간을 썼던 것 같아. (하류)

생각할 수 있는 다른 것들이 있어. (하류)

아이들은 내 삶의 큰 부분이지만 나는 내 삶이 있어. (하류)

딸들 주제를 잠시 내려놓는다고 생각하니 기분이 좋아. (하류)

딸들도 아마 그걸 좋아할 거야. (하류)

훨씬 가벼워졌어요. 지금 이 자리에서 보면 바로 직전의 부정적인 감정조차 좀 이상하게 느껴져요. 딸들이 당신만큼이나 당신이 가벼워지는 걸 고마워할 거라는 생각에 살짝 웃음이 나요.

항상 잔소리하지 않으면 뭘 해야 할지 모를 거야! (하류)눈 굴리는 것 대신 놀라는 표정을 보면 재미있을 거야. (하류)

내가 물러난다고 더 나빠질 수는 없어. 내가 해온 게 어차피 좋은 결과를 만들어내지 못했으니까. (하류)

참자아의 사랑하는 눈으로 딸들을 보겠다는 생각이 좋아. (하류)

그 멋진 옛 감정들이 아주 익숙해. (하류)

아이들 하나하나를 완벽하게 보고 아이들의 미래에 기뻐했던 게 기억나. (하류)

정말로 그 감정으로 돌아가고 싶어. (하류)

몇 시지…… 곧 집에 올 거야. (하류)

아이들을 보게 되어 기쁠 거야. (하류)이건 재미있을 거야. (하류)

10대와의 문제가 이 짧은 연습으로 완전히 해결됐다고 말하는 건 아니에요. 하지만 당신은 근원과 연결됐어요. 불편한 상황이 생길 때마다 안도감을 주는 생각을 찾기로 결심한다면 이 관계들은 달라질 거예요.

딸들이 당신이 자기들의 현실을 스스로 창조하도록 허용할 뿐 아니라 격려하려 한다는 걸 알아차리기 시작하면 당신에게 밀어붙이던 것의 대부분이 멈출 거예요. 마치 얼굴에서 베개를 치워준 것처럼요. 허우적거림은 바로 멈출 거예요. 그리고 이제 당신 모두 각자의 배로 돌아가서 이 멋진 삶의 여정을 기쁘게 이어갈 수 있어요.

예시 26. 내가 만든 것을 남이 자기 것이라 한다

"지난 2년간 프리랜서 작가로 일해왔어요. 여러 매체에 글을 보내면서 점점 알려지고 있고 이제 기회가 꾸준히 들어오면서 글쓰기로 가족을 부양할 수 있는 수준이 됐어요. 최근에 친구들과 동료들이 분명히 내 글에서 가져온 정보를 쓰고 있는 다른 사람들의 글을 보내줘요. 여기저기 표현만 바꿔서 티 안 나게 하려 하지만 내 글을 그대로 베끼고 있다는 게 뻔해요. 일단 내 글에 얼마나 많은 시간과 노력이 들어갔는지 생각하면 정말 짜증나요. 그리고 그건 분명히 표절인데 어떻게 그걸 하고도 괜찮은 건지 이해가 안 돼요. 나는 남의 글을 뒤져서 내 이익을 위해 베끼지 않아요. 자존심이 없는 건가요. 하지만 가장 괴로운 건 제가 깊이 생각해서 쓴 아이디어를 가져다가 엉뚱한 개념들과 섞어놓는다는 거예요. 그래서 오히려 명확성보다 혼란을 만들어요. 왜 자기들만의 길을 만들지 않는 거예요?"

당신은 꽤 오랫동안 경험을 쌓아왔고 세상에 대한 자기만의 시각을 갖게 되는 건 자연스러운 일이에요. 자기 세계관이 맞다고 믿는 것도 정상이에요. 그래서 다른 사람들의 행동을 보면서 자기 세계관과 비교하고 '나는 절대 그렇게 안 해'라는 결론에 이르는 건 논리적이에요. 거기서 다른 사람들이 부적절한 일을 하지 못하도록 행동을 통제해야 한다는 느낌도 올라와요.

말로, 그리고 온갖 무기로 벌어지는 전쟁은 세기마다 계속돼왔어요. '올바른' 행동과 이념을 찾겠다고요. 하지만 가장 최근의 전쟁을 치르고 나서도 첫 번째 전쟁을 치르던 선조들보다 답에 더 가까워지지 않았어요. 행동하고 생각하고 사는 하나의 옳은 방법은 없으니까요.

인간들은 삶의 목적이 올바른 삶의 방식을 발견하고 다른 모든 사람을 거기에 맞추도록 설득하거나 강요하는 거라고 믿는 경우가 많아요. 하지만 그건 더 넓은 관점에서 알고 있는 것과 이 세상에 나올 때 가졌던 의도와 정확히 반대예요.

이 세상에 태어나기 전에 나쁜 아이디어를 하나씩 제거해서 좋은 아이디어 몇 개만 남기겠다는 식으로 우주를 축소하려는 건 당신의 의도가 아니었어요. 이 영원한 우주에서 확장은 피할 수 없다는 걸 알고 있었으니까요. 무엇보다 옳든, 그르든, 아이디어의 다양성이 영원한 확장에 필요하다는 걸 알고 있었어요.

감정이 알려주는 것들

내 관점이 옳다고 주장하면서 동시에 다른 사람의 관점이 틀렸다고 힘주는 자리에 서지 않을 때 엄청난 이득이 있어요. 그걸 알기에 이 이야기를 하는 거예요.

당신의 관점이 아무리 인기 있고 어떤 기준으로든 옳다 해도 다른 사람의 아이디어를 밀어붙이는 동안 내 안에서 원하는 것의 이익을 막는 모순된 진동을 깨우고 있어요. 그리고 대부분의 사람처럼 좋은 아이디어를 밀어붙이는 데 실패하면 반대 견해를 가진 사람들을 탓해요. 싸움은 계속돼요.

내가 내 경험의 창조자이고 내가 이루기 위해 다른 누구도 내 전제나 의도나 행동에 동의할 필요가 없다는 걸 기억할 때, 그때서야 비로소 다른 사람들이 자기가 선택하는 대로 하도록 진짜로 놓아줄 수 있어요.

지구를 함께 사는 다른 사람들과 어떤 것에 대해서도 동의할 필요는 없어요. 하지만 자기 자신의 존재와 동의하는 건 필수예요. 그렇게 할 때 지구상의 모든 사람과 모든 것에 도움이 되는 아이디어가 당신에게서 자연스럽게 흘러나올 거예요.

다른 사람의 행동이 당신 눈에 아무리 악의적으로 보여도 진짜 나의 힘, 명확성, 기쁨을 빼앗기지 마세요.

다른 사람들의 행동을 분류하면서 평생을 낭비할 수 있어요.

'옳음' '그름' '정말 그름' '좀 그름' '그렇게 그르지 않음' '꽤 그름' '거의 옳음' '더 옳음' '매우 옳음'…… 이런 더미를 만들면서요.

"나는 절대 그런 일을 하지 않을 거야"라고 말하는 것도 크게 다르지 않아요. 그냥 기분이 좋지 않으니까 하지 않는 걸 수 있어요. 나와 참자아 사이의 연결을 이미 감지하고 있어서 어떤 행동이 내 길에 있고 어떤 것이 아닌지 아주 선명하게 알 수 있어요.

하지만 다른 사람들 안에서 지금의 그들과 확장된 그들 사이의 자리를 정확히 알 수는 없어요. 그 행동이 뭐든 그들의 행동이 적절한지 정확하게 판단할 수 없어요. 다른 사람이 뭘 해야 하거나 하지 말아야 한다고 정하려 할 때마다 당신은 자기 길에서 벗어나 있어요.

그리고 친구여, 그게 정말로 당신을 화나게 하는 거예요. 아이디어를 훔치거나 손상시키는 것에 관한 게 아니에요. 독자를 빼앗기거나 시장에서의 경쟁에 관한 것도 아니에요. 이 표절자들에게 집중하는 동안 불편함의 핵심에 있는 건 진짜 나에서 벗어나 있다는 거예요.

'그 사람이 다르게 행동하기만 하면 기분이 나아질 텐데.' 이보다 더 큰 덫은 없어요. 아무리 강한 힘을 가져도 그들을 통제할 수 없을 뿐 아니라 그건 존재의 이유 자체와 영원한 본성의 역류니까요.

하류 의도를 통해 안도감을 발견할 때 진짜 자유로 가는 길을

감정이 알려주는 것들

찾게 돼요. 유일한 할 일은 자기 존재의 진동을 다스리는 것인데 다른 사람을 통제하려는 데서 오는 속박으로부터의 자유요.

이 이해의 가장 좋은 점은 다른 누구도 이 지식을 알거나 적용할 필요가 없다는 거예요. 다른 사람이 뭘 하든 안 하든 당신이 적용할 수 있어요. 그렇게 하면 세상은 당신이 원하는 대로 될 거예요. 그게 찾고 있던 '통제'예요. 인간들이 찾고 있던 삶의 비밀이에요.

생각을 하나씩 안내할게요. 하나하나가 전보다 나아지면서 진짜 나로 돌아가게 해줄 거예요.

평생의 작업을 만들고 퍼뜨리는 데 여러 해를 보냈어. (역류)

다른 사람들이 내 글을 읽고 좋아하면서 말만 살짝 바꿔서 자기 것이라고 하는 건 잘못됐어. (역류)

나는 절대 그렇게 안 해. (역류)

인정할 곳에 인정하려고 항상 최선을 다해왔어. (역류)

뭔가에서 도움을 받으면 항상 밝혀. (역류)

정중하게 요청해도 소용이 없어. (역류)

그들은 분명히 나와 다르게 세상을 봐. (하류)

이런 걸 금지하는 저작권법이 있어. (역류)

내 자료에서 가져갔다는 걸 증명하는 건 어렵지 않아. (역류)

내 작업을 아는 수십만 명이 이 문제에서 나를 지지할 거야. (하류)

원한다면 그 길은 항상 열려 있어. (하류)

상대가 잘못했더라도 밀어붙이는 건 나한테 좋지 않다는 걸 알아. (하류)

살아보니 알아. 부족한 적은 없었어. (하류)

세상에서 나만 들리는 목소리가 되고 싶은 건 아니야. (하류)

사람들이 이해하길 바라는 내 바람은 다른 사람들의 작업을 통해서도 이뤄지고 있어. 우리 모두 함께하고 있는 거야. (하류)

누구나 있는 자리에서 시작해. 내 작업이 그 출발점이 됐다면 더 좋지. (하류)

다른 사람들이 자기 삶에서 나아지는 걸 보는 것만큼 나를 행복하게 하는 건 없어. (하류)

이 세상을 높이려는 사람들이 이렇게 많다니 기뻐. (하류)자기 꿈을 이루는 모든 사람에게 기꺼이 박수를 보내. (하류)

누군가의 성공으로 나는 절대 줄어들지 않아. 오히려 내 경험이 풍요로워져. (하류)

이 무한한 우주가 경이로워. (하류)

나도 무한하다는 걸 아는 데서 오는 흥분이 살아 있어. (하류)

다른 모든 사람도 무한하다는 걸 이해하는 게 좋아. (하류)

예시 27. 직원들끼리 마찰이 계속된다

"저는 직원이 20명쯤 되는 작은 사업체를 운영하고 있어요. 사업은 수익이 나고 꾸준히 성장하고 있지만 가끔 더 커지고 싶은 건지 잘 모르겠어요. 커질수록 직원이 더 필요하고 직원을 더 뽑을수록 문제가 더 많아져요. 훨씬 작은 규모로 직접 돌보던 때가 더 행복했던 것 같아요. 직원들끼리 벌이는 성격 충돌과 사소한 불만에 너무 지쳤어요. 가끔 고용주가 아니라 부모나 유치원 선생님 같은 기분이 들어요. 그냥 서로 잘 지내고 일이나 하고 문제를 그만 일으켰으면 좋겠어요."

사업, 직원, 고객, 제품에 집중하면 관리하고 통제해야 할 게 산더미처럼 느껴져요. 제품과 고객이 늘수록 그걸 감당할 사람이 더 필요하고요. 이 모든 세부 사항 속에서 개인적인 창조의 가장 중요한 부분을 놓치기 쉬워요. 이 모든 것의 기초는 진동이라는 거예요.

당신의 사업은 행동이 아니라 생각에 의해 만들어졌어요. 많은 사람이 이 말에 동의하지 않을 거예요. 물질적 노력과 행동의 결과를 보고 있다고 믿으니까요. 행동의 세계에 살고 있다는 것에 반대하는 게 아니에요. 결과가 행동에서 왔다고 볼 수 있다는 것도요.

하지만 진동이 행동보다 결과에 훨씬 더 큰 역할을 한다는 걸 깨닫고 진동, 생각, 감정에 더 힘을 쏟기 시작하면 결과에 깊이 영향을 미칠 강력한 지렛대를 발견하게 돼요. 간단히 말해서 훨씬 적은 시간과 노력으로 훨씬 더 큰 결과를 이뤄요.

문제에 집중하면 더 넓은 시야와의 연결을 잃고 일이 빠르게 막히기 시작해요. 해결책 쪽에 머물면 그 넓은 시야를 유지하고 문제에 대한 빠른 해결책을 찾을 뿐 아니라 피할 수 없는 확장의 과정도 즐기게 돼요.

지금이 추가 해결책을 요청하지 않으면 미래의 확장은 없어요. 지금에 문제가 없으면 추가 해결책을 요청할 수 없어요. 질문이 없으면 답을 요청할 수 없어요. 피하고 싶은 문제가 사실은 추구하는 확장에 꼭 필요하다는 거예요. 이걸 이해하면 당신과 직원 모두가 즐길 수 있는 기쁜 창조의 리듬을 만들 수 있어요.

사업은 구조나 제품이 뭐든 생각 진동의 확장이에요. 대부분의 창조는 물질적 조각들이 조립되기 전에 이미 일어났어요. 아이디어에 대해 곰곰이 생각하고 궁금해하고 추측하고 결정하면서 사업을 움직이게 했어요. 그 생각 과정 동안에는 방해가 되는 생각을 거의 하지 않았어요.

물질적 형태로 존재하는 모든 것은 먼저 생각되고 그다음 형태가 됐어요. 그래서 건물을 찾거나, 직원을 모으거나 제품을 갖추

감정이 알려주는 것들

기 전에도 사업을 선명하게 볼 수 있었어요. 그 진동 상태에서는 저항이 거의 없었고 그래서 빠르게 확장됐어요.

대부분의 회사에서 긍정적 방향의 더 큰 부분은 물질적 사업이 모이기 전에 일어나요. 하지만 건물, 직원, 제품이 제자리에 오면 대부분 긍정적 추진력이 멈춰요. 사업의 창조자가 이제 발생하는 문제에 집중하기 시작하니까요. 해결책 쪽에 머물러 있지 못해요.

문제라고 부르는 것이 사실은 어떤 질문에도 답을 주고 어떤 문제에도 해결책을 줄 수 있는 우주에 대한 요청일 뿐이라는 걸 이해할 수 있다면, 그 질문과 답, 문제와 해결책이 모든 확장이 일어나는 과정이라는 걸 이해할 수 있다면 기쁘게 자기 사업의 완벽한 펼쳐짐에 안착할 수 있어요.

직원들에게 일어나는 것을 사소한 불만으로 보지 않고 창조의 기회로 볼 수 있어요. 모아놓은 사람들과 아이디어의 흥미로운 조합에 감사하게 될 거예요.

사업 성공과 개인적 행복의 열쇠는 하나예요. 직원들에게 당신을 기쁘게 하는 방식으로 행동하라고 요청하는 대신 당신 스스로 기쁜 생각을 찾아야 해요. 그들이 실제로 뭘 하든 기쁜 방법을 찾아야 해요.

기분 좋기를 고집하고 주로 기분이 좋은 지점까지 생각을 다시 잡으면 사업에 대해 끊임없이 확장하는 욕망과 일치하게 돼요. 우주는 그 욕망이 현실이 되는 데 필요한 것을 가져다줄 거예요.

직원들의 의지, 능력, 성격의 범위를 보면서 그 안에서 가장 좋아하는 것에 집중하면 우주는 그런 것을 더 가져다줄 거예요. 바꾸어야 할 것에 집중하면 우주는 그런 것을 더 가져다줄 거예요.

다른 사람의 최악을 가장 빨리 끌어내는 건 당신이 그것에 집중하는 거예요. 다른 사람의 최선을 가장 빨리 끌어내는 것도 당신이 그것에 집중하는 거예요.

일부 사업주는 더 큰 그림과 더 웅장한 아이디어에 집중할 수 있도록 조직의 사소한 세부 사항에서 빠지고 싶어 해요. 큰 그림을 마음에 두는 건 확실히 가치 있어요. 하지만 당신을 막히게 하는 건 사업의 ‘사소한’ 부분에 신경 쓰는 게 아니에요. 내 안에서 단절을 일으키는 것에 집중하는 거예요.

‘문제’를 인식할 때마다 그것을 답을 불러오는 질문으로 본다면 답은 빨리 올 거예요. 확장의 과정을 즐겼을 거예요. 세부 사항이 당신을 막는 게 아니에요. 자기 안의 갈라진 에너지가 막는 거예요.

자기 에너지를 돌보고 사업에 대한 욕망과의 연결을 유지할 수 있다면 내려놓고 싶은 세부 사항을 맡아줄 더 재능 있는 사람들이 나타날 거예요. 당신은 사업에서 가장 기쁜 부분을 돌볼 수 있게 될 거예요.

감정이 알려주는 것들

사업이나 당신의 확장에는 끝이 없어요. 있는 자리에서 시작하고 안도감을 주는 하류 생각을 찾으세요. 절망이나 우울이 아니라 좌절의 자리에서 시작하고 있으니까 잘 운영되고 기분 좋은 사업에 대한 욕망과, 더 중요하게는 진짜 나와 일치하는 것이 비교적 쉬울 거예요.

사무실에서 감정 노동하는 데 너무 지쳤어. (역류)

이 사람들은 고등학교를 떠난 지 한참인데 서로 투덜대는 걸 보면 머릿속은 아직 거기 있는 것 같아. (역류)

나한테는 훨씬 더 중요한 일들이 산더미야. (역류)

직원들은 나에게 중요해. (하류)

직원들이 좋은 느낌으로 일하는 것도 나에게 중요해. (하류)

항상 직원들을 위한 좋은 근무 환경을 원했어. (하류)

삶의 큰 부분을 내 회사에서 보내는 거니까 편안하기를 바라는 건 당연해. (하류)

불쾌한 상황 앞에서 즉각 반응하는 건 정상이야. (하류)

삶은 대조 속에서 배우는 거고 그들이 하고 있는 게 바로 그거야. (하류)

원하지 않는 걸 알면 원하는 걸 알아내게 돼. (하류)

그들은 내가 느끼는 만큼 또는 내가 생각하는 만큼 이것 때문

에 괴롭지 않을 수 있어. (하류)

그들은 일을 해내고 있어. (하류)

그들의 행복은 내 책임이 아니야. (하류)

내가 안 좋은 쪽에 집중하고 있어서 불행한 거야. (하류)내 기분이 나아지려고 그들에게 다르게 행동하라고 해서는 안 돼. (하류)

좋은 면을 하나씩 떠올리면 이 불쾌한 상황은 사라져. (하류)

그들도 그 방법을 알아내면 좋겠어. (하류)

확장뿐 아니라 번영할 수 있는 환경을 만들어주는 게 좋아. (하류)

이 사람들을 사랑해. (하류)

예시 28. 내가 변하고 있는데, 남편은 따라오지 않는다

"끌어당김의 법칙에 대해 읽어왔고 완벽하게 이해가 돼요. 그래서 뭘 생각하고 말하는지 주의를 기울이려고 하고 삶을 개선하기 위해 몇 가지 과정을 실천해왔는데 남편은 이런 걸 전혀 믿지 않아요. 제가 의도적으로 과정을 적용하고 있다고 느끼면 화까지 내요. 끌어당김의 법칙이 어떻게 작동하는지 더 알수록 남편이 하는 부정적인 말들이 더 신경 쓰여요. 남편이 이걸 배우려고 했으면 좋겠어요. 함께 작업한다면 정말로 삶이 나아질 수 있을 것 같아요. 하지만 시도조차 하지 않으니까 남편의 부정적인 생각이 내 긍정적인 생각을 방해하지 않을까요?"

다른 사람의 생각은 당신의 창조에 힘이 없어요. 그들의 생각에 대해 생각하지 않는 한요. 남편의 생각에 대해 생각하면 그것은 당신의 생각이 되고 그때 창조의 균형에 영향을 미쳐요.

삶이 다른 사람과 얽혀 있으면 모든 것에 동의하고 같은 방향으로 함께 끌어야 한다고 느끼기 쉬워요. 하지만 창조의 흐름 자체가 필요한 모든 힘을 담고 있기 때문에 다른 사람이 함께 끌어줄 필요가 없다는 걸 이해하세요. 다만 스스로 역류하면서 원하는 곳에 도달할 수는 없어요.

다른 사람에게 방해받는다고 느낄 때가 있어요. 그건 뭔가를 밀어붙이고 있기 때문이에요. 예를 들어 다른 동네의 새 집으로 이사하고 싶은 강한 욕망이 있는데 남편이 지금 집에 머물고 싶다고 한다고 해볼게요. 새 집만 생각하면 매일의 생각이 그 욕망과 같은 방향이에요. 막는 게 없으니 상황이 알아서 맞춰져요.

하지만 남편이 반대한다는 데 신경 쓰면서 '왜 이걸 이해를 못하지' 하고 속으로 따지고 불만을 키운다면 매일의 생각은 원하는 것에서 멀어져요.

남편의 반대에 대해 생각하면서 스스로 저항을 만든 거예요. 원하는 쪽으로 가고 있지 않은 거예요. 남편이 문제인 것처럼 느껴지겠지만 실제 문제는 자기 생각 안에 있어요.

어떤 사람들은 이렇게 말할 거예요. '남편이 동의했다면 이런 모순된 생각을 안 했을 텐데.' 물론 보고 싶은 걸 볼 때 기분 좋기가 더 쉽고 남편이 동의한다면 욕망과 맞추기가 더 쉬울 거라는 건 맞아요.

하지만 주변 사람들이 다 협력해야 창조가 된다는 믿음에는 진짜 덫이 있어요. 대부분의 경우 주변 사람들은 당신이 원하는 방향으로 함께 집중하지 않아요. 누구나 자기 관심사가 있으니까요.

원하는 것을 창조하기 위해 다른 사람의 동의가 필요 없다는 걸 아는 건 정말 해방이에요. 다른 사람의 반대 생각을 더 이상 내 안에 섞어 넣지 않으면 영향력이 강력하게 커져요.

남편도 이 집에서 살면서 나아졌으면 하는 것들을 발견했어요. 당신처럼 뭔가를 위한 공간이 부족할 때마다 더 많은 공간을 원하게 됐어요. 사실 더 크고 나은 집은 당신뿐 아니라 남편 안에도 쌓여 있다는 걸 이해하세요. 하지만 남편은 거기에 논리를 적용해왔어요. 새 집이 재정적으로 부담되고 찾는 데 시간이 걸리고 정착하는 데 더 오래 걸릴 거라고 결정한 거예요. 당신이 원하는 많은 것을 같은 이유로 원하면서도 '현실적인' 생각으로 자기 욕망에 브레이크를 걸고 있는 거예요.

감정이 알려주는 것들

그러니 이 흐름의 추진력에는 당신의 욕망만 있는 게 아니에요. 남편의 욕망도 흐름을 만들고 있어요. 알든, 모르든, 남편도 새 집 창조를 돕고 있는 거예요.

두 사람이 함께 이 멋진 새 집을 자기 안에 만들어놨어요. 이제 남편의 걱정을 자기 욕망에 반대하는 변명으로 더 이상 쓰지 않으니까 새 집과 완벽하게 일치하고 있어요. 집은 반드시 와요. 남편이 편안하게 받아들일 수 있는 방식으로 올 거예요.

아무도 당신에게서 어떤 것도 빼앗을 힘이 없어요. 이걸 이해하고 더 이상 아무것에도 밀어붙이지 않으면 원하는 모든 것이 경험으로 쉽게 흘러들어와요. 시간이 지나면 당신의 모범을 통해 남편도 이 우주의 법칙이 전혀 '미친 것'이 아니라 강력하고 일관되고 이해할 수 있고 적용할 수 있고 함께 작업하기 정말 재미있다는 걸 아주 잘 이해하게 될 수 있어요.

남편이 지금 당신과 다르게 삶에 접근하고 있더라도 그의 삶은 그에게 똑같이 작동하고 있다는 걸 이해하면 큰 도움이 돼요. 그가 생각하는 대로 생각하고 있는 그대로 있고 원하는 대로 원하게 하세요. 그러면 그에 대한 어떤 것도 당신을 방해하지 않아요.

하지만 그를 '바꾸려고' 하면 원하지 않는 면에 집중하게 될 거예요. 그걸 내 안에 섞어 넣으면 창조를 방해하고 시간이 지나면 나를 붙잡고 있다고 남편을 원망하게 될 수 있어요.

삶의 모든 사람, 친구, 낯선 사람, 심지어 적까지 창조 과정에 긍정적으로 기여할 수 있어요. 하지만 그들이 이익을 더하는지 해를 더하는지 결정하는 건 당신이에요. 그들을 역류의 저항적인 눈으로 보는지, 하류의 내맡기는 눈으로 보는지는 당신이 정하니까요.

있는 자리에서 시작하고 나아지는 하류 생각을 찾으세요.

남편이 더 긍정적이려고 노력하면 우리 삶이 훨씬 좋아질 텐데. (역류)

이 과정들은 나에게 정말 효과가 있는데 그는 들어보려고도 안 해. (역류)

그냥 시도만 하면 도움이 될 거라는 걸 알아. (역류)

그냥 시도만 하면 나한테 도움이 될 거라는 걸 알아. (역류)

남편 걱정하느라 정작 나는 과정을 제대로 적용하고 있지 않았어. (하류)

나에게 남편만큼 가까운 사람도 내 창조에 끼어들 필요가 없어. (하류)

우리가 다 다른 건 아니야. (하류)

동의하면 좋지만 원하는 걸 얻는 데 꼭 필요하지는 않아. (하류)

혼자 조용히 원했던 것들이 이뤄진 적이 있어. (하류)

그 멋진 것들은 아무와 힘을 합치지 않아도 나에게 왔어. (하류)

원하는 걸 창조하기에 내 존재만으로 충분히 강력해. (하류)

동의를 요구하면서 남편을 곤란하게 하고 있었어. (하류)원하는 걸 마음에 품고 있는 것만으로 남편에게 밀어붙이는 게 아니야. (하류)

우리는 다른 눈으로 삶을 보니까 좋은 팀이야. (하류)

우주가 나에게 반응하는 걸 지켜보는 게 즐거워. (하류)

시간이 지나면 원한다면 많은 것을 함께 창조할 수 있어. (하류)

그때까지 조용히 기쁘게 원하는 걸 만들어갈 거야. (하류)남편도 이 과정을 기쁘게 발견하길 기대해. (하류)

정말 그를 사랑해. (하류)

예시 29. 돌봐야 할 부모님, 돌볼 수 없는 나

"부모님 두 분 다 아프셔서 더 이상 스스로를 돌보실 수 없어요. 저는 수백 마일 떨어져 살고 풀타임으로 일해서 직접 돌볼 수가 없어요. 그래서 의사가 돌봄을 받을 수 있는 곳을 알아보라고 했어요. 부모님은 항상 열심히 일하셨지만 돈을 모아두지 못했고 현금으로 바꿀 수 있는 자산도 거의 없어요. 알아봤는데 모시고 싶

제3부 32가지, 노를 놓은 사람들의 이야기

은 수준의 시설은 감당이 안 되고 다른 선택지는 훨씬 못해요. 정말 괴로워요."

아이들을 걱정하는 부모를 만나면 우리는 항상 말해요. 걱정으로는 아이들을 돕지 못한다고요. 부모를 걱정하는 자녀를 만나도 똑같이 말해요. 걱정은 돕는 게 아니에요. 오히려 도움에서 자신을 차단하고 있다는 신호예요.

사랑하는 사람의 건강이 나빠지는 걸 볼 때마다 자기 안에 원하는 것을 강하게 쌓아요. 지금 느끼지 못하더라도 부모님을 알아온 동안, 특히 걱정을 느껴온 그 세월 동안 부모님을 위해 당신 안에 쌓인 것은 상당히 커졌어요.

걱정하는 동안에는 원하는 것의 반대만 보고 있어서 좋은 아이디어가 떠오를 수가 없어요. 걱정을 내려놓고 이 주제에서 꾸준히 하류 생각을 찾는 법을 배우면 상황이 풀리면서 해결책과 답이 와요. 세상의 의료 문제를 해결하는 건 당신 일이 아니에요. 당신이 할 일은 자기가 원하는 것과 맞추는 거예요. 부모님에 대해 원하는 게 많잖아요. 해결책 쪽으로 가고 있는지는 기분으로 알 수 있어요.

아직 눈에 보이는 변화가 없어도 기분이 좋을 수 있어요. 하지만 중요한 것에 대해 꾸준히 하류로 가면서 결과가 안 나타나기

란 불가능해요. 작은 변화라도 알아차리고 감사하면 더 많이 따라와요.

즉각적인 위기처럼 느껴지니까 기쁜 선택지가 전혀 없다고 느껴져요. 머릿속에서 이걸 반복하면서 불쾌한 옵션을 하나씩 떠올릴수록 불편함이 커져요. 지금 서 있는 자리에서 지금 느끼는 대로 느끼면서는 실행 가능한 해결책이 보일 수 없어요. 문제가 내 안에서 맹렬할 때 해결책은 올 수 없어요. 문제의 느낌을 달래는 방법을 먼저 찾아야 해요.

부모님 건강이 좋아지거나, 돌봄 비용을 댈 돈이 있거나, 근처에 좋은 무료 시설이 있거,나 도울 사람을 고용할 돈이 있다면 달라지겠다고 말할 수 있어요. 하지만 그 조건들은 지금 없고 당장 만들 방법도 없어요. 그래서 통제할 수 없는 불쾌한 상황 앞에서 대부분의 사람은 그냥 계속 걱정해요. 하지만 걱정하는 자리에서는 해결책에 접근할 수 없어요.

지금 당장 유일한 선택은 기분이 나아지는 방법을 찾는 거예요. 처음에는 그게 무슨 도움이 되나 싶겠지만 아주 중요한 선택이에요. 상황이 실제로 안 변해도 기분이 나아질 수 있으면 진동이 움직여요. 부모님에 대해 원하는 것이 더 선명해지고 거기에 가까워져요. 거기에 맞춰지면 많은 문이 열리고 길이 보이고 뭘 해야 하는지 알게 돼요.

모든 상황에 대한 해결책은 항상 주변에 있어요. 하지만 걱정, 비난, 염려 속에서는 보이지 않아요.

느끼는 방식을 나아지게 하려고 해보세요. 여기서 목표는 해결책을 찾는 게 아니에요. 오직 안도감을 찾는 거예요. 에너지가 맞춰지기 전에 해결책을 찾겠다고 하면 거의 항상 하류 대신 역류로 돌아서요. 안도감이 목표예요.

부모님이 너무 걱정돼. (역류)

무슨 일이 일어날지 모르겠어. (역류)

스스로를 더 잘 돌보셨으면 좋겠어. (역류)

미래를 위해 더 나은 재정 계획을 세우셨으면 좋겠어. (역류)

이 말들이 지금 있는 자리를 정확히 보여줘요. 이제 안도감을 주는 생각을 찾으세요.

오늘 결정을 내릴 필요는 없어. (하류)

쌓여온 문제지만 알아낼 시간은 충분해. (하류)

한 순간에 아이디어가 없다가 다음 순간에 떠오른다는 걸 알아. (하류)

답이 오기 전에는 영원히 안 올 것 같아. 막상 오면 왜 의심했나

감정이 알려주는 것들

싶어. (하류)

　　벌써 기분이 나아지고 있어요. 이 짧은 시간의 진정만으로도 아이디어가 흘러오기 시작할 수 있어요. 하지만 너무 빨리 행동에 뛰어드는 건 참으세요. 행동하기 전에 기분이 나아질수록 행동이 더 적절해지고 결과도 더 좋아지니까요.

　　비슷한 상황에 처한 사람이 많을 거야. (하류)

　　확실히 많은 사람이 같은 처지에 있어. (하류)

　　그건 많은 사람이 해결책을 요청해왔다는 뜻이야. (하류)사람들이 요청하면 답은 항상 주어지니까 발견되기를 기다리는 해결책이 분명히 있어. (하류)

　　우리만의 독특한 해결책을 충분히 찾을 수 있어. (하류)

　　그걸 발견하면 정말 만족스러울 거야. (하류)

　　멋진 해결책에 접근하도록 내 안에서 뭔가 움직이고 있고 아마 우리 사회 전체에서도 더 넓은 해결책을 향해 움직이고 있을 거야. (하류)

　　다른 사람들이 어떻게 하든 나에게 영향을 미치지 않아. (하류)

　　부모님의 돌봄을 위한 좋은 아이디어가 쉽게 흘러오기를 기대하며 기다리고 있어. (하류)

이런 짧은 연습이 지금 해야 할 전부라는 걸 알면 가고 있는 거예요. 해야 할 전부일 뿐 아니라 할 수 있는 전부예요. 하지만 그걸로 충분해요. 기분이 나아지면 저항을 놓은 거예요. 저항이 없으면 길이 선명하게 보이고 원하는 해결책으로 한 걸음씩 이끌려요.

예시 30. 눈만 뜨면 돈 걱정이다

"돈 걱정을 안 했던 때가 기억나지 않아요. 돌아설 때마다 예상 못 한 지출이 생기고 가족과 나를 위해 사야 하는 것의 가격은 계속 오르는데 임금은 그만큼 안 올라요. 예전에는 주 40시간 일했고 아내는 밖에서 일하지 않았어요. 지금은 아내도 풀타임으로 일하고 저는 주 60시간을 일해요. 그런데도 여유가 없어요. 다른 사람은 휴가도 가고 새 집도 새 차도 사는데 대체 어떻게 하는 건지 모르겠어요. 내가 뭘 놓치고 있는 거예요?"

재정은 들어오는 돈과 나가는 돈 사이의 균형을 맞추는 단순한 경제 문제처럼 보여요. 하지만 대부분의 사람이 모르는 강력한 요소가 하나 더 있어요. 어떤 행동을 해도 엇갈리는 에너지를 보상할 수는 없어요. 돈에 대해 지금처럼 느끼는 한, 경험이 그 느낌을 충분히 정당화하더라도 상황은 나아질 수 없어요. 끌어당김의 법칙은 행동이 아니라 진동에 반응하니까요. 물론 행동의 생산성에는 눈에 보이는 차이가 있어요. 힘이 센 사람은 약한 사람보다 무거운 걸 들 수 있고, 빨리 움직이는 사람은 느린 사람보다 하루에 더 많이 옮길 수 있고, 분당 60자를 치는 사람은 20자를 치는 사람보다 더 많이 타이핑할 수 있어요. 하지만 이런 행동의 차이는 참자아와 에너지를 맞춤으로써 얻는 힘에 비하면 아무것도 아니에요. 솔직히 어긋난 에너지를 행동으로 메우는 건 불가능해요.

돈이 부족하다는 역류 생각을 계속 키우면 더 많은 돈으로 가는 길을 스스로 막게 돼요. 돈이 부족한 데 좌절하면서 더 나은 생각을 찾으려 하지 않으면 좌절은 분노가 되고 결국 두려움이 돼요. 생각의 패턴이 재정적 좋은 느낌의 흐름을 점점 더 강하게 거슬러 가게 만드니까요. 기분이 나빠질수록 더 나빠져요. 기분이 나쁠수록 찾고 있는 해결책을 더 세게 막고 있는 거니까요. 돈이 부족하다는 데 초점을 맞추는 순간에도 진동적으로는 더 많은 걸 요청하고 있고 그게 흐름을 더 빠르게 만들어요.

하지만 부족함에 초점을 맞추면서 참자아가 하류로 부르는 동안 역류 쪽을 보고 있는 거예요. 재정 상황에 대한 강한 부정적 감정은 두 가지 중요한 걸 알려줘요. 참자아가 당신을 향해 부르고 있는 상당한 재정적 풍요를 요청해왔다는 것. 원하는 돈과 반대 방향으로 역류하고 있다는 것. 당신과 아내가 아무리 많은 시간을 일하든, 아무리 많은 돈이 들어오든 먼저 자기 안에서 진동적 균형을 이루기 전까지는 재정적 균형을 이룰 수 없어요. 노를 놓고 흐름에 몸을 맡기는 순간 몸에서 안도감을 느끼게 되고 재정적 안도감도 바로 뒤따라와요. 오랫동안 뭔가를 원해왔고 그래서 자기 안에 상당히 쌓여 있을 때는 약간의 안도감만으로도 큰 변화가 생겨요. 다시 말해서 며칠만 기분이 나아지도록 해볼 수 있다면 저항을 놓았다는 증거가 어떤 형태로든 재정적 안도감으로 나타나기 시작할 거예요. 이제 얼마나 많은 돈이 흐르는지뿐 아니라 지금 당장 얼마나 많은 돈을 경험 속으로 들여보내는지도 자기가 정한다는 걸 알았으니 이 이해를 확인해 주는 패턴을 자기 경험에서 발견할 수 있을 거예요. 원하는 좋은 결과를 꾸준히 얻는 열쇠는 돈이 부족할 때도 기분 좋게 느끼는 거예요. 느끼는 방식을 다루는 법을 배우면 참자아와 에너지를 맞추는 강력한 힘을 발견하게 되고 끌어당김의 법칙이 진짜 풍요를 문 앞까지 가져다주는 걸 보게 될 거예요. 하지만 눈앞의 상황에 그냥 감정적으로 반응만 한다면 물질적 행동이 만들어내는 얼마 안 되는 돈에 묶여 있게 돼요. 어디에 있든 기분이 더 나은 생각을 찾기 시작하세요.

감정이 알려주는 것들

돈이 부족한 것에 너무 지쳤어. (역류)

돈이 충분해질 방법이 보이지 않아. (역류)

너무 오래 일해서 항상 피곤해. (역류)

이것저것 줄여서 예산 맞추는 것도 지쳤어. (역류)

지금은 이렇게 느끼고 있고 일시적으로 여기에 있지만 이런 생각 속에서는 돈이 더 강하게 흘러 들어올 수 없어요. 먼저 생각과 감정을 바꿔야 해요. 그런데 재정 상황을 바꾸려고 더 나은 생각을 찾는 게 아니에요. 더 나은 진동을 내보내려고 더 나은 생각을 찾는 거예요. 느끼는 방식이 나아지는 것 자체를 목표로 삼으세요. 느끼는 방식이 꾸준히 나아지면 더 많은 돈이 반드시 흘러 들어오기 시작해요.

나는 그 누구보다 더 오래 일해. (역류)

돈이 그 사람한테는 더 쉽게 오는 것 같아. (역류)

매일 누가 새 차를 뽑내는 것 같아. (역류)

자기 상황을 다른 사람과 비교하면 만성적으로 균형에서 벗어나고 생각을 어디로 가져가야 할지 헷갈려요. 하지만 기분이 나아지겠다는 하나의 의도를 갖고 자기 생각끼리 비교하면 비교적 짧은 시간 안에 하류 방향이 선명하게 느껴질 거예요.

우리 나쁘게 하고 있지 않아. (하류)

실제로 꽤 잘 살고 있어. (하류)

아내와 나는 이뤄낸 것에 자부심을 느끼고 있어. (하류)

좋은 결정을 내려왔어. (하류)

집에 꽤 많은 자산이 있어. (하류)

전체 그림을 보면 꾸준히 나아지고 있다는 걸 알겠어. (하류)

얼마나 멀리 왔는지 보면 엄청나게 좋아졌어. (하류)

이미 훨씬 기분이 나아지고 있어요. 이제 얼마나 더 갈 수 있는지 보세요.

이건 알아낼 거야. (하류)

사실 나는 뭔가를 알아내는 걸 꽤 잘해. (하류)

영감이 오길 기다리고 있어. (하류)

그동안 우리는 괜찮아. (하류)

앞으로 펼쳐질 걸 기대하는 게 꽤 즐거워. (하류)

때때로 아주 밝은 미래가 느껴져. (하류)

우리 앞에 너무 많은 삶과 기회가 있어. (하류)

이 모든 게 펼쳐지는 걸 보는 건 재미있을 거야. (하류)

이 과정을 옆에서 지켜본 사람은 여기서 무슨 강력한 일이 일어났는지 이해할 방법이 없을 거예요. 더 많은 돈이 실제로 아직 떨어지지 않았으니까요. 하지만 흐름의 힘을 이해하고 느끼는 방

감정이 알려주는 것들

식이 나아진 걸 알아차린다면 방금 이뤄낸 저항의 엄청난 감소를, 이 과정이 얼마나 생산적이었는지를 이해할 수 있어요. 생각의 힘을 의심하는 사람과 달리 당신은 원하는 것을 받아들이기 위해 주변이 정렬되는 걸 직접 경험하게 될 거예요. 다른 사람은 당신을 '운이 좋다'고 할 수 있지만 당신은 어떻게 일어났는지 알아요. 의도적으로 했으니까요.

예시 31. 함께한 아이가 떠나고, 빈자리가 너무 크다

"개가 죽었어요. 너무 힘들어요. 영원히 살지 않을 거라는 걸 알았고 내가 더 오래 살 거라는 것도 알았지만 녀석이 없어서 너무 슬퍼요. 집에 가기 싫어요. 문 앞에 갈 때마다 녀석이 맞이하러 나오지 않을 거라는 게 떠올라서요. 매일 여러 번 뭔가가 녀석을 떠올리게 하고 그 깊은 슬픔을 다시 느껴요. 이렇게 오래, 이렇게 나쁘게 느끼면 안 되는 것 같은데 극복을 할 수가 없어요. 친구들은 다른 개를 키우라고 하지만 그럴 수가 없어요. 어차피 나중에 또 아파할 거잖아요."

사람은 반려동물을 잃었을 때 다른 어떤 상실보다 더 큰 슬픔을 느끼기도 해요. 어떤 사람은 이 고통이 말이 안 된다고 생각해요. 반려동물보다 당연히 더 중요한 게 삶에 많으니까요. 누군가는 '아버지가 돌아가셨을 때보다 개가 죽었을 때 더 힘들어했다'는 말을 하기도 해요. 뭔가를 더 원할수록 그것이 없다는 데 초점을 맞추면 더 고통스러워요. 하지만 개의 죽음에 대해 느끼는 고통은 단지 녀석이 없어서가 아니에요. 그보다 훨씬 커요. 개는 당신에게 순수하고 긍정적인 에너지 그 자체였어요. 처음 태어났을 때 그대로 평생 순수하고 긍정적인 에너지의 확장으로 살았어요. 그리고 녀석에게 관심을 주고 함께하면서 당신은 근원과의 연결에 더 많이 영감받았어요. 물론 녀석이 그립지만 정말 그리운 건 녀석이 불러일으켜 준 근원 에너지와의 연결이에요.

녀석은 당신을 있는 그대로 사랑했고 달라지라고 하지 않았어요. 녀석은 자기 행복을 당신 탓으로 돌리지 않았어요. 녀석은 당신과 함께하는 걸 즐겼지만 당신이 없을 때도 고통받지 않았어요. 녀석의 기쁨은 당신의 행동에 달려 있지 않았으니까요. 녀석은 죽음을 예상하거나 두려워하지 않았지만 자기 존재가 영원하다는 걸 알고 있었어요. 당신 아버지한테는 이런 말을 하나도 할 수 없잖아요. 우리가 당신 자리에 있다면 녀석과 함께할 때 그렇게 자주 느꼈던 벅찬 느낌에 초점을 맞출 거예요. 산책하러 가자고 신나하던 모습을 떠올려보세요. 새나 다람쥐를 쫓으려던 열정을 떠올려보세요. 당신 발 위에 머리를 얹고 바닥에 누워 있던 평화로운 모습을 떠올려보세요. 녀석의 그런 모습이 기분 좋게 떠오르면서 다시 편안해지면 녀석이 옆에 있을 때처럼 다시 참자아와 맞춰질 거예요.

그리고 원한다면 우주가 녀석을 대신할 또 다른 개를 보내줄 거예요. 이 작업을 기꺼이 한다면 신발을 안 씹는 새 강아지를 끌어당길 수도 있어요.

진동을 이해하고 녀석이 얼마나 참자아와 맞춰져 있었는지를 알면 이제 당신도 참자아와 맞춰지면서 녀석이 그리운 마음을 놓을 수 있어요. 그것만으로 충분할 수도 있어요. 다른 개와 함께하고 싶은 마음이 안 생길 수도 있으니까요. 어떤 경우든 녀석의 빈자리를 채우려고 다른 개를 키우라고 권하지는 않아요. 대신 진짜 비어 있는 것, 참자아와의 연결로 그 빈자리를 채우세요. 그다음에 영감이 이끄는 대로 따르세요. 그러니 슬픔 속에서 기분이 더 나은 하류 생각을 찾아보세요.

때때로 녀석이 없다는 걸 잠깐 잊어. 그러다 기억나면 너무 슬퍼. (역류)

주변의 많은 것이 녀석을 떠올리게 해. 그리워. (역류)

녀석 없이는 예전 같지 않을 것 같아. (역류)

시간이 모든 상처를 치유한다고 들었는데 나아지지 않아. (역류)

집에 와서 녀석이 맞이하러 나오지 않을 때가 제일 힘들어. (역류)

이 말들은 지금 느끼는 방식과 녀석에 대해 해온 생각을 정확하게 보여줘요. 조금 더 나은 생각을 찾는 이 과정이 이 멋진 녀석을 다시 살려올 수는 없어요. 하지만 노력하면 어쨌든 기분이 나아질 수 있다는 걸 깨닫도록 도와줄 거예요. 같은 생각을 계속 하고 같은 말을 반복하면서 나아지길 바랄 수는 없어요. 기분이 더 나은 생각을 찾아야 해요. 한번 해보세요.

항상 슬픈 건 아니야. 다른 데 집중하면 괜찮아. (하류)

녀석 생각에 깊이 빠지지 않고 꽤 오래 지내기도 해. (하류)녀석이 살아 있을 때도 하루 종일 생각하지는 않았어. (하류)

집을 떠나 녀석 없이 지낸 적도 많았고. (하류)

이 생각들은 방금 전 자리에서 쉽게 찾을 수 있었지만 아까보다 훨씬 기분이 나아져요. 계속해 보세요.

그 멋진 녀석과 함께한 시간이 있어서 기뻐. (하류)

언젠가 똑같이 사랑할 다른 개를 만날 거야. (하류)

예시 32. 아들이 말했다, 엄마 나 게이야

"아들이 작년에 대학에 가려고 집을 떠났는데 최근에 여름 방학으로 집에 왔을 때 아버지와 저한테 자신이 게이라고 말했어요. 학교에서 누군가를 만나서 같이 살고 있다고요. 그 얘기를 들은 지 몇 주가 지났고 외아들이 손주를 안겨주지 않을 거라는 엄청난 슬픔이 있지만 어느 정도 적응했어요. 하지만 남편은 분노로 완전히 이성을 잃었어요. 아들이 대학에 가서 그 아이를 만나지 않았으면 이런 일은 없었을 거라고 확신해요. 아들을 그렇게 사랑하는 사람이 이 정도로 화를 내는 걸 보면 세상 사람은 아들을 어떻게 대할지 무서워요."

어떤 부모에게든 아이가 삶에 대해 다른 관점을 갖고 있다는 걸 받아들이기는 쉽지 않아요. 대부분의 부모는 자기가 살아오면서 겪은 일을 통해 올바른 결론에 도달했다고 믿고 그걸 자녀에게 전하려고 애쓰니까요. 부모를 설득할 수 있는 것이 딱 하나 있다면, 자녀와 멋진 관계를 유지하도록 도울 것, 불가능한 것을 시도하는 고통에서 부모와 자녀 모두를 자유롭게 할 것, 그건 바로 이거예요. 당신의 아이는 당신이 아니고 당신이 되려고 태어나지 않았어요. 당신의 아이는 자기만의 욕망과 계획을 갖고 이 물질 세계로 나왔어요.

아들이 게이인 건 대학에서 생긴 일이 아니에요. 이건 지금 여기서 내리는 선택이 아니에요. 태어나기 전에 비물질적 관점에서 이미 정해져 있던 거예요. 우리는 자신을 게이로 정의하는 사람한테 종종 질문을 받아요.

"도대체 왜 이런 걸 선택할까요? 왜 주변 대부분의 사람과 이렇게 다른 관점으로 살기를 택할까요? 왜 이렇게 고통스러운 선택을 할까요?"

우리는 이렇게 말해요. 그는 비물질의 자리에서 이 몸으로 나오면서 '게이가 되겠다'고 구체적으로 정하지는 않았어요. 하지만 누가 뭐라 해도 흔들리지 않는 존재로 이 세상에 나오겠다는 강한 의도는 있었어요. 모든 답을 알고 있다고 믿으며 자기가 옳다고 설득하려 달려들 사람들 속에 태어날 거라는 걸 알고 있었어요. 더 넓은 비물질의 자리에서 이 몸으로 나오면서 사람들이 이해 못 할 만큼 다르고, 변하길 바라겠지만 변할 수 없는 방식으로 다르기로 했어요. 다시 말해서 주변 사람이 다양성의 가치를 이해하도록, 그리고 다른 사람에게 변화를 요구하는 게 얼마나 불가능한 일인지 깨닫도록 돕겠다는 의도였어요. 주변 사람이 당신을 보면서 기분이 나아지도록 이런저런 식으로 기꺼이 변해줄 때 그건 오히려 그 사람에게 큰 해가 돼요. 자기 생각의 힘을 이해해야만 오는 자유를 영영 발견하지 못하게 되니까요.

감정이 알려주는 것들

많은 사람이 무조건적인 사랑을 말하지만 실제로 사는 사람은 드물어요. 부정적인 감정을 느끼게 하는 상황이 보이면 그 상황이 바뀌기를 요구해요. 하지만 그렇게 하면 기분 좋아지려고 다른 사람을 통제하려는 길고 불편한 길 위에 자신을 올려놓는 거예요. 기분 좋아지려고 다른 사람을 통제해야 한다면 통제할 수 있는 아주 작은 세계 안에 스스로를 가둬야 하고 이 불가능한 노력에 가진 것보다 더 많은 시간과 에너지를 쏟아야 해요. 무조건적인 사랑은 말 그대로예요. 조건에 상관없이 사랑과 진짜 나에 연결되어 있는 것. 참자아가 동의하는 생각에 초점을 맞추고 멋진 긍정적 감정을 느낄 때 사랑 그 자체와 맞춰져 있는 거예요. 아들이든, 누구든 내가 사랑의 근원과 연결된 상태를 유지하기 위해 달라질 필요가 없어요.

그래서 가장 사랑 어린 마음으로 말하는데, 아들이 무조건적인 사랑이라는 선물을 주기 위해 나왔다는 걸 이해하길 바라요. 이 선물을 받아들이는 것보다 큰 기쁨은 평생 없을 거예요. 거부하는 것보다 큰 고통도 없을 거고요.

하지만 당신에게는 생각해볼 것이 두 가지 더 있어요. 남편을 기쁘게 하지 않는 아들이 있고, 당신을 기쁘게 하지 않는 남편이 있어요. 이 말을 아들에 대한 남편의 태도를 바꾸거나 아들의 행동에 영향을 미치라고 하는 게 아니에요. 유일한 힘은 참자아가

동의하는 생각을 찾고 그 생각이 당신 안에서 지배적이 될 때까지 연습하는 거예요. 참자아와 당신 안의 근원은 아무리 많은 사람이 아들을 비난하더라도 아들을 사랑하는 것 외에는 절대 다른 걸 하지 않아요. 이건 확실히 약속해요. 그리고 무슨 일이 있어도 남편을, 아들의 성적 지향에 불행한 누구든 있는 그대로 사랑할 수 있을 때 진짜 나와 내 안의 근원에 완전히 맞춰지면서 저항에서 벗어나는 자유를 경험하게 될 거예요. 그러니 있는 곳에서 시작해서 참자아가 이것에 대해 갖고 있는 관점으로 가보세요.

아들이 너무 힘든 삶을 자처하고 있어. (역류)

진심으로 게이가 아니었으면 좋겠어. (역류)

남편은 너무 완고해서 이걸 절대 못 넘길까 봐 두려워. (역류)

우리의 행복한 삶이 다 망가진 것 같은데 어떻게 할 힘이 없어. (역류)

남편은 이해하려고 노력조차 안 해. (역류)

아들은 이것에 대해 어쩔 수 없지만 남편은 좀 더 이해심을 가질 수 있잖아. (역류)

남편이 완고한 게 이것만은 아니지만 이건 나머지 다 합친 것보다 더 커. (역류)

이런 일이 우리한테 일어난 게 싫어. (역류)

무력함에서 분노와 비난 쪽으로 움직였으니 참자아의 방향으로 하류로 가고 있어요. 하지만 아직 갈 길이 있어요. 기분이 더 나은 생각을 계속 찾아보세요.

이건 모두한테 아주 새로운 일이야. 시간이 지나면 다들 이 생각에 익숙해질 거야. (하류)

영원히 이렇게 끔찍하게 느껴지지는 않을 거야. (하류)

내 불편함은 아들이 게이라는 사실보다 남편의 반응에 관한 게 훨씬 더 커. (하류)

남편의 반응도 아마 비난보다는 이게 아들한테 어떤 영향을 줄지 걱정하는 거일 거야. (하류)

이건 시간이 지나면 다 나아질 거야. (하류)

특히 우리 모두가 서로 사랑하고 싶어 하니까 나아질 거야. (하류)

때때로 이런 상황이 가족을 더 강하게 만들어. (하류)

서로에 대한 사랑의 끈을 진짜 끊을 수 있는 일은 절대 일어나지 않을 거야. (하류)

이 모든 것에서 편안해지고 내 개인적인 감정에 휘둘리는 걸 그만둘 거야. (하류)

내가 좀 더 안정된 태도를 가지면 완화할 수 있어. (하류)남편은 합리적인 사람이야. (하류)

남편은 원래 행복한 사람이야. (하류)

우리 모두 잠깐 옆길로 빠졌지만 좋은 느낌으로 돌아가는 길에 있는 행복한 사람이야. (하류)

이건 괜찮아질 거야. (하류)

이제 당신 안의 근원이 이것에 대해 느끼는 방식에 가까워졌으니 근원의 관점을 알려드릴게요. 당신은 모두 근원 에너지의 확장이에요. 모든 아이디어 중에서 좋은 것 몇 개만 골라내려고 이 세상에 나온 게 아니에요. '물질 세계로 가서 올바르게 사는 법을 알아낸 다음 다른 사람한테도 그렇게 살라고 가르쳐야지'라고 하면서 나온 게 아니에요. 모두 저마다 다른 관점과 지향을 갖고 있고 거기서 더 나은 아이디어가 끊임없이 나온다는 걸 알고 있었어요. 끝없이 다양한 아이디어, 상황, 관계, 온갖 것을 탐험한다는 데 흥분했어요. 이 다양성이 끝없는 창의적 아이디어가 흘러나올 토대가 된다는 걸 알았으니까요.

욕망의 불꽃이 당신 안에서 밝게 빛나면 당신인 근원이 그 새로운 아이디어에 온전한 관심을 쏟을 거라는 걸 알았어요. 그 아이디어가 저 멀리서 반짝이면서 당신을 부를 거라는 것도요. 결코 끝나지 않을 거라는 걸, 결코 잘못되지 않을 거라는 걸 알았어요. 끝나지 않으니까 영원히 맞춰갈 여지가 있어요. 그리고 무엇보다 당신 안에 있는 근원, 당신이 온 근원, 당신을 앞으로 부르는 근원,

감정이 알려주는 것들

당신에게서 시선을 결코 떼지 않는 근원, 모든 것의 근원이 지금 그리고 영원히 당신을 무조건적으로 사랑한다는 걸 알았어요!

당신을 위한 큰 사랑이 여기 있어요. —에이브러햄

세기의 책들 20선
천년의 지혜 시리즈 NO.12

감정이 알려주는 것들 THE ASTONISHING POWER OF EMOTIONS

최초 출간일 1910년

초판 1쇄 인쇄 2026년 2월 20일
초판 1쇄 발행 2026년 2월 27일

발행 스노우폭스북스
발행인 서진

지은이 Esther & Jerry Hicks
편저자 서진
번역감수 안진환

진행 편집 2팀 박정아
편집부 홍다휘. 김남혁

표지기획 강희연
표지·본문 이성희
디자인 김완선

마케팅 총괄 김정현
기획전략 김형언
홍보 윤서하. 김민주

제작 박범준

종이 월드페이퍼
인쇄 남양문화사

주소 경기도 파주시 회동길 527, 스노우폭스북스 사옥 3층
대표번호 031-927-9965 **팩스** 070-7589-0721
전자우편 edit@sfbooks.co.kr
출판신고 2015년 8월 7일(제406-2015-000159호)

ISBN 979-11-94966-33-3 03100